IFRSの概念フレームワーク

Conceptual Framework for Financial Reporting

九州大学大学院教授 岩崎 勇

税務経理協会

はしがき

　現在は，グローバル化が高度に進展し，あらゆる方面でグローバルな視点で考えて行動することが要求される時代となっている。会計の分野においても，この傾向は顕著であり，国際会計基準審議会（IASB）が公表する国際財務報告基準（IFRS）を適用（任意適用を含む）する国も100か国を超えている。わが国においても，2010年3月期より任意適用が開始され，徐々に任意適用する企業が増加しつつある。

　このような状況の下において，IASBの公表する「概念フレームワーク」（conceptual framework）は，個別の会計基準を設定するための「メタ基準」という極めて重要な位置を占めている。そしてこの概念フレームワークは，国際会計基準審議会（IASB）が「理想とする会計の姿」を明示するものであり，現在の会計基準の基礎となっているばかりでなく，IASBが将来どのような会計基準を設定していこうとしているかを間接的に予想することができる。このように，概念フレームワークは個別の会計基準を設定するためのメタ基準なので，国際財務報告基準（IFRS）を理解する上で必須であると同時に，わが国においてもIFRSとのコンバージェンス（収斂）を行っているので，IASBの概念フレームワークやIFRSがわが国の会計基準に大きな影響を及ぼすこととなる。

　そこで，IASBの理想的な会計の姿を示す概念フレームワークについて理解することは，IFRS等の理解のために必須であり，このような意味で，本書は国際的な会計を理解したい学者，会計担当者，サラリーマン，学生に役立つことを目的として書かれている。なお，さらに深い理論的な側面を知りたい人は『IASBの概念フレームワーク』（税務経理協会）を参照されたい。

　上記のことを考慮して執筆された本書の特徴には，次のようなものがある。
① 理解し易いように，図表を多用していること
② 該当するパラグラフ番号を入れていること
③ 「概要」→「詳細」という順で解説していること

④ 各章の最初に各章の「規定内容」を明示していること
⑤ 索引を入れていること
⑥ IASBの「概念フレームワークの特徴」を一覧表にまとめていること
⑦ IASBの概念フレームワークの背景となる考え方を日本の従来の考え方と比較する形で示していること
⑧ 概念フレームワークについてのスタディー・グループの研究成果が生かされていること

なお，筆者は，長年概念フレームワークに関するスタディー・グループに関わってきた。すなわち，2012年から2014年8月まで日本簿記学会簿記理論研究部会に関わり『会計概念フレームワークと簿記−最終報告書』（編著：日本簿記学会簿記理論研究部会）を，引き続き2016年8月まで国際会計研究学会研究グループに関わり『IFRSの概念フレームワークについて−最終報告書』（編著：国際会計研究学会　研究グループ）を公表してきている。また，現在も日本会計史学会のスタディー・グループで「FASB及びIASBの概念フレームワークについての歴史的考察」というテーマで研究を継続している。

ただ，著者の浅学非才のため不十分な点が多々あると思われる。この点については，先学諸賢の方々の暖かいご指導をお願い申し上げる次第である。本書が少しでも皆様のお役に立てば，甚だ幸せである。

本書を刊行することができたのは，明治大学大学院の時から常に変わらぬ暖かいお気持ちで見守り，ご指導を頂いた恩師元明治大学教授嶌村剛雄博士を始めとする諸先生方のご高配の賜物であると深く感謝している。そして，いつも研究や原稿で忙しく，苦労ばかり掛けている妻・晴子と立派に育ちつつある靖に，この場を借りて感謝を述べたい。

また，本書の出版に際しては，代表取締役社長　大坪克行氏を始めとして，その出版企画，編集，校正さらに上梓まで，常に督励され，大変お世話を頂戴した編集部の峯村英治氏に心からお礼を申し上げたい。

なお，本書は，科研費「JSPS KAKENHI Grant Nunber JP 16K03989」の助成を受けたものである。

はしがき

・・・小春日和の穏やか日に，ピンクのシクラメンの花を愛でつつ・・・
2018年12月吉日　移転したばかりの（福岡）伊都キャンパスにて

　　　　　　　　　　　　　　岩崎　勇（九州大学大学院教授）

目　次

はしがき

序章　概念フレームワークの意義 …………………………………1

1 概念フレームワークの意義と内容 ………………………………1
　(1) 概念フレームワークの意義 ………………………………… 1
　(2) 会計基準の設定アプローチ ………………………………… 3
　(3) 概念フレームワークの必要性 ……………………………… 3
　(4) IFRSの重要性 ………………………………………………… 5
　(5) IFRSの内容 …………………………………………………… 6
　(6) IASBの組織 …………………………………………………… 6

2 概念フレームワークの開発の概要 ………………………………8
　(1) 概念フレームワークの開発の概要 ………………………… 8
　(2) 改訂の必要な理由としての問題点 ………………………… 9
　(3) 改訂プロジェクトの目的 …………………………………… 10
　(4) 主要な改善点 ………………………………………………… 11
　(5) 主な特徴点としての六つの事実 …………………………… 12

3 概念フレームワークの目的 ………………………………………13
　(1) IASB 2018年概念フレームワークの目的 ………………… 13
　(2) IASB 2010年概念フレームワークの目的 ………………… 14
　(3) FASBのIASB概念フレームワークへの影響 ……………… 15

4 概念フレームワークの位置づけ …………………………………16

5 概念フレームワークの構成 ………………………………………19

6 IASBの基本思考 ……………………………………………………19

7 新しい概念フレームワークの主な特徴点 ………………………22

第1章　一般目的財務報告の目的 ……………………………33

1　一般目的財務報告の目的の概要と位置づけ …………………33
(1)　一般目的財務報告の目的の概要 ……………………………33
(2)　一般目的財務報告の目的の位置づけ ………………………34
(3)　財務報告の目的と財務諸表の目的 …………………………35

2　財務報告の目的の意義 …………………………………………36
(1)　IASB概念フレームワーク上の財務報告の目的 …………36
(2)　会 計 目 的 ………………………………………………………38
(3)　主要な利用者 ……………………………………………………40
(4)　投資者の意思決定目的 …………………………………………42
(5)　IASBの財務報告の理想像 ……………………………………42
(6)　企業価値の評価 …………………………………………………43

3　経済的資源，請求権及びそれらの変動に関する情報 ………47
(1)　報告企業の経済的資源等に関する情報 ……………………47
(2)　経済的資源及び請求権 …………………………………………47
(3)　経済的資源及び請求権の変動 …………………………………49
(4)　発生主義会計により反映される財務業績 …………………50
(5)　過去のキャッシュ・フローにより反映される財務業績 ……51
(6)　財務業績から生じたものではない経済的資源及び請求権の変動 ……53

4　企業の経済的資源の使用に関する情報 ………………………54

第2章　有用な財務情報の質的特性 ………………………………57

1　有用な財務情報の質的特性の概要 ……………………………57
(1)　有用な財務情報の質的特性の概要 …………………………57
(2)　有用な財務情報の質的特性の実質化 ………………………58

目　次

- ❷　有用な財務情報の質的特性 ……………………………………… 59
  - ⑴　有用な財務情報の質的特性 …………………………………… 59
  - ⑵　概念フレームワークにおける財務報告情報の質的特性の変遷 …… 60
- ❸　基本的質的特性 …………………………………………………… 62
  - ⑴　基本的質的特性 ………………………………………………… 62
  - ⑵　目的適合性 ……………………………………………………… 63
  - ⑶　忠実な表現 ……………………………………………………… 66
  - ⑷　基本的質的特性の適用 ………………………………………… 68
  - ⑸　基本的質的特性間のトレード・オフ関係 …………………… 69
- ❹　補強的質的特性 …………………………………………………… 71
  - ⑴　補強的質的特性 ………………………………………………… 71
  - ⑵　補強的質的特性の適用 ………………………………………… 75
- ❺　コストの制約 ……………………………………………………… 75

第3章　財務諸表と報告企業 ………………………………………79

- ❶　財務諸表と報告企業の概要 ……………………………………… 79
  - ⑴　財務諸表と報告企業の概要 …………………………………… 79
  - ⑵　財務諸表と報告企業の規定 …………………………………… 79
- ❷　財 務 諸 表 ………………………………………………………… 80
  - ⑴　財務諸表と財務報告 …………………………………………… 80
  - ⑵　財務諸表の目的と範囲 ………………………………………… 80
  - ⑶　報 告 期 間 …………………………………………………… 82
  - ⑷　財務諸表上採用された視点 …………………………………… 83
  - ⑸　継続企業の前提 ………………………………………………… 83
- ❸　報 告 企 業 ………………………………………………………… 84
  - ⑴　報告企業の意義・内容 ………………………………………… 84
  - ⑵　報告企業の境界 ………………………………………………… 86

(3)　連結財務諸表及び非連結財務諸表 ……………………………… 87

第4章　財務諸表の構成要素 ……………………………………… 89

1　財務諸表の構成要素の概要 ……………………………………… 89
　　(1)　財務諸表の構成要素の概要 ……………………………………… 89
　　(2)　財務諸表の構成要素 ……………………………………………… 90

2　財　政　状　態 …………………………………………………… 91
　　(1)　財　政　状　態 …………………………………………………… 91
　　(2)　資　産　の　定　義 ……………………………………………… 93
　　(3)　負　債　の　定　義 ……………………………………………… 97
　　(4)　持　分　の　定　義 ……………………………………………… 100
　　(5)　従来の定義との差異 ……………………………………………… 102
　　(6)　会　計　単　位 …………………………………………………… 103

3　財　務　業　績 …………………………………………………… 104
　　(1)　財　務　業　績 …………………………………………………… 104
　　(2)　契約上の権利・義務の実質 ……………………………………… 107

第5章　認識及び認識の中止 ……………………………………… 111

1　財務諸表項目の認識 ……………………………………………… 111
　　(1)　認識及び認識の中止の概要 ……………………………………… 111
　　(2)　認　識　の　意　義 ……………………………………………… 111
　　(3)　財務諸表間の連繋 ………………………………………………… 113
　　(4)　認　識　規　準 …………………………………………………… 115

2　財務諸表項目の認識の中止 ……………………………………… 124

第6章 測　　定 ……………………………………………… 127

1. 測定の意義 …………………………………………………… 127
   (1) 測定の概要 ……………………………………………… 127
   (2) 測定の意義 ……………………………………………… 128
2. 測 定 基 礎 …………………………………………………… 129
   (1) 測定基礎アプローチ …………………………………… 129
   (2) 測定基礎の概要 ………………………………………… 129
   (3) 測 定 基 礎 …………………………………………… 131
   (4) 蓋　然　性 …………………………………………… 134
3. 特定の測定基礎によって提供される情報 ………………… 134
   (1) 概　　要 ………………………………………………… 134
   (2) 歴史的原価 ……………………………………………… 134
   (3) 現 在 価 額 …………………………………………… 135
4. 測定基礎アプローチと測定基礎の選択の視点 …………… 139
   (1) 測定基礎アプローチと測定基礎の選択の視点 ……… 139
   (2) 測定基礎の選択の際に考慮すべ要因 ………………… 141
5. 持分の測定 …………………………………………………… 148
6. キャッシュ・フローを基礎とした測定技法 ……………… 149
7. 公正価値測定 ………………………………………………… 149
   (1) 取 引 概 念 …………………………………………… 149
   (2) 公正価値測定の特徴 …………………………………… 150
   (3) 公正価値測定の拡大 …………………………………… 152

第7章　表示及び開示 ………………………………………… 155

1. 表示及び開示の概要 ………………………………………… 155

	(1) 表示及び開示の概要	155
	(2) 経　　　緯	156
	(3) 財務情報の開示の視点	157
	(4) 開示プロジェクトの特徴	157

❷ 表示及び開示の内容 ……………………………………………… 158
　(1) 伝達ツールとしての表示及び開示 ……………………………… 158
　(2) 表示及び開示目的と伝達原則 …………………………………… 159
　(3) 分　　　類 ………………………………………………………… 161
　(4) 純損益及びその他の包括利益 …………………………………… 162
　(5) 相　　　殺 ………………………………………………………… 166
　(6) 集　　　約 ………………………………………………………… 166

第8章　資本及び資本維持の概念 …………………………… 169

❶ 資本及び資本維持の概念 ………………………………………… 169
　(1) 資本及び資本維持の概念の概要 ………………………………… 169
　(2) 概念フレームワーク上の資本及び資本維持の概念の概要 …… 169
　(3) 会計の基本的な存在意義と資本維持概念 ……………………… 170
　(4) 資　本　概　念 …………………………………………………… 171
　(5) 資本概念と持分概念の関係 ……………………………………… 173
　(6) 利用者ニーズと資本概念の選択 ………………………………… 175
　(7) 資本維持概念と利益の決定 ……………………………………… 176
❷ 利益計算と資本維持概念・資産測定基礎 ……………………… 179
　(1) 資本維持概念と測定基礎 ………………………………………… 179
　(2) IASB概念フレームワーク上の資本維持概念・資産測定基礎と
　　　利益計算 …………………………………………………………… 184

目　次

略語等・用語集・参考文献一覧表……………………………………187
　本書での主要な略語等一覧表…………………………………187
　本書での主要な用語集…………………………………………190
　参考文献一覧表…………………………………………………193
　索　　引…………………………………………………………195

序章　概念フレームワークの意義

1　概念フレームワークの意義と内容

(1)　概念フレームワークの意義
①　概念フレームワークの意義

会計上の「概念フレームワーク」(conceptual framework：CF) とは，財務諸表の作成と表示や財務報告の基礎をなす体系的な諸概念について記述したものである。「国際会計基準審議会」(International Accounting Standards Board：IASB) の概念フレームワークは，IASBが理想とする会計の体系的な諸概念を示し，その主たる目的は，IASBが首尾一貫した個別の会計基準を開発する場合の基本的な諸概念や考え方を示すものである。それゆえ，これは，IASBの公表する会計基準であるすべての「国際財務報告基準」(International Financial Reporting Standards：IFRS) の基礎となるものである。

したがって，概念フレームワークは，図序-1のように，首尾一貫性のある個別の会計基準を設定するための体系的な諸概念(「メタ基[1])」であり，しばしば「会計上の憲法」と呼ばれることもある。

図序-1　概念フレームワークと会計基準との関係

```
         概念フレームワーク（メタ基準）
      （首尾一貫性のある個別の会計基準の設定）
        ┌─────────┼─────────┐
    会計基準 甲   会計基準 乙   会計基準 丙
```

このように，概念フレームワークは，一般に資金の調達や運用を目的とする証券・金融市場に参加する市場参加者（特に投資者[2]）を前提として，財務会

計に関する目的や基礎概念を予め設定し、それに基づいて規範的なアプローチ（normative approach：NA）[3]である演繹法（deductive method：DM）によって、首尾一貫性のある会計基準を設定するための基礎的な諸概念（fundamental concepts：FC）の体系を明文化したものである。

　この場合、現在において首尾一貫した個別の会計基準を設定するためのメタ基準として概念フレームワークは一層重要性を帯びてきている。なぜならば、どのような概念フレームワークが作成されるかで、どのような会計基準が設定され、それゆえ、それに基づいた実務が行われるかを間接的に決定するからである。同時に、後述の「概念フレームワークの目的」の所で説明するように、一定の状況の下において、会計上の判断においても概念フレームワークが参照されることとなるからである。

　そして、概念フレームワークが存在すれば、会計基準を設定する場合、そのメンバーが変更になっても論理的に首尾一貫したものが設定可能となり、また政治的な干渉も避けることができるようになる、ということが期待されている。

② 概念フレームワークと個別会計基準との関係

　前述のように、概念フレームワークから首尾一貫性のある個別の会計基準を設定するのが概念フレームワークの本来の機能であり、この「概念フレームワーク→会計基準」という関係を「メタ基準性[4]」と呼ぶ。ところが、現実には、例えば、金融商品会計基準のように、個別の会計基準が先に設定され、これに合わせる形で概念フレームワークが改訂される場合があり、この「会計基準→概念フレームワーク」という関係を「逆メタ基準性[5]」と呼ぶことができる。

図序-2　概念フレームワークと個別会計基準との関係

【メタ基準性】	【逆メタ基準性】
概念フレームワーク	概念フレームワーク
↓	↑
会　計　基　準	会　計　基　準

序章　概念フレームワークの意義

(2) 会計基準の設定アプローチ

この場合，会計基準の設定アプローチには，表序-1のように，概念フレームワークを持たずに，その時々の必要性に応じて個別の会計基準を設定していくアプローチ（「ピースミール・アプローチ：piecemeal approach：PA」）と概念フレームワークを持ち，その概念フレームワークを基礎として首尾一貫性のある個別の会計基準を設定していくアプローチ（「理論的アプローチ：theoretical approach：TA」）とがある。

表序-1　会計基準の設定アプローチ

① ピースミール・アプローチ	概念フレームワークを持たずに，その時々の必要性に応じて会計基準を設定していくアプローチ
② 理論的アプローチ	概念フレームワークを持ち，その概念フレームワークを基礎として首尾一貫性のある会計基準を設定していくアプローチ

歴史的には，図序-3のように，ピースミール・アプローチから理論的アプローチへと変遷してきている。それゆえ，今日においては，多くの国において概念フレームワークに基づく理論的アプローチが採用されている。

図序-3　会計基準の設定アプローチの流れ

ピースミール・アプローチ → 理論的アプローチ

(3) 概念フレームワークの必要性

次に，なぜ概念フレームワークが必要とされるのか，ないし概念フレームワークの存在意義（raison d'être）は何かを明確にしていくこととする。というのは，この概念フレームワークの必要性ないし存在意義が，後述の「概念フレームワークの目的」についての重要な基礎を形成するからである。

概念フレームワークの必要性の内容は，図序-4のとおりである。

図序-4　概念フレームワークの必要性

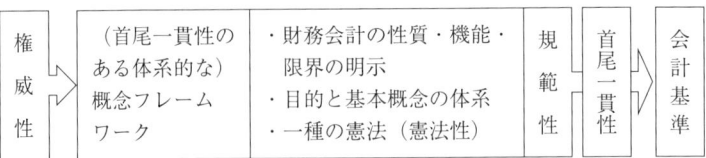

　概念フレームワークは，権威ある規範的なもので，首尾一貫した会計基準をもたらすことができ，かつ財務会計の性質，機能及び限界を規定する，相互に関連した目的と基本概念の脈絡ある体系である[6]。そして，この概念フレームワークの必要性ないし存在意義を端的に表現すれば，概念フレームワークには，表序-2のように，一定の公的機関等によって，それに従うことが要請されるという「権威性」，IASBのような会計基準の設定機関が将来のIFRS等の会計基準の開発に際して，それに従うことが要請されるという「規範性」，理論的に首尾一貫した体系的な概念フレームワークに基づき首尾一貫したIFRS等の会計基準が導かれるという「首尾一貫性」及び財務会計の性質，機能及び限界を示す，相互に関連した目的と基本概念の脈絡ある体系であるという一種の「憲法性」が必要である。そして，これらの性質が，後述の概念フレームワークの目的に重要な影響を及ぼしている。

表序-2　概念フレームワークの必要性

性　　質	内　　　　　容
権　威　性	一定の公的機関等によって，それに従うことが要請されること
規　範　性	将来の会計基準の開発に際して，それに従うことが要請されること
首尾一貫性	理論的に首尾一貫した体系的な概念フレームワークに基づき首尾一貫した会計基準が導かれること
憲　法　性	財務会計の性質，機能及び限界を示す，相互に関連した目的と基本概念の脈絡ある体系であること

(4) IFRSの重要性

　現代は，情報技術の急速な向上による世界的なインターネットやAIの急速な普及発展等により，企業の取引は，一層グローバル化してきており，21世紀の企業経営は，あらゆる面で，世界標準（global standards：GS）を念頭において行うことが必要となってきている。

　このような状況の下では，法律等と共に企業経営のソフト・インフラの一つである会計も，企業取引の実態を世界的に比較可能なものとして行えるようになるというニーズが一層高まってきている。そして，図序-5のように，このような世界で比較可能な財務諸表の作成表示を行えるような高品質で透明性のある国際財務報告基準（IFRS）の設定を目的とする機関が国際会計基準審議会（IASB）である。なお，2001年までは，この前身である国際会計基準委員会（International Accounting Standards Committee：IASC）が国際会計基準（International Accounting Standards：IAS）を公表していた。

図序-5　組織と会計基準

年　代	2001年以前	2001年以降
組　織	IASC ⇒	IASB
会計基準	IAS ⇒	IFRS

　しかも，このIFRSを全面適用（adoption）せず，収斂（しゅうれん）アプローチ（convergence approach：CA）を採用するわが国のような国においては，例えば，IASBが2014年5月に公表したIFRS第15号「顧客との契約から生じる収益」に相当する基準として，わが国のASBJが2018年3月に企業会計基準第29号「収益認識に関する会計基準」を公表したように，この国際会計基準審議会（IASB）の作成するIFRSが，国内の会計基準設定に直接影響を及ぼしている。このような意味で，IFRSは21世紀では，世界共通の会計基準として大きな影響力を及ぼすものとなり，これを正しく理解し，対応していくことが企業経営等にとって必要不可欠なものとなってきている。

(5) IFRSの内容

IASBでは，表序-3のように，一般に次の四つの新旧の会計基準及び解釈指針を総称したものを「IFRSs」と呼んでいる。ただし，本書では，このIFRSsを単に「IFRS」と略称する。

表序-3　IFRSsの内容

摘　　要	会計基準	解釈指針
(1)　旧機関(IASC)	①　国際会計基準（IAS）	②　解釈指針（SIC解釈指針）
(2)　新機関(IASB)	③　国際財務報告基準（IFRS）	④　解釈指針（IFRIC解釈指針）

(注)　IAS等は，新たなIFRSの公表に伴って廃止されたものもあるけれども，改訂を行いながら現在でも使用され続けているものも少なくない。

(6) IASBの組織

IFRS関係の組織は，図序-6及び表序-4のように，IFRS Foundation（IFRS財団）の下に，IFRS Advisory Council（IFRS諮問会議），IASB（国際会計基準審議会），IFRS Interpretations Committee（IFRS解釈指針委員会）及びMB（モニタリング・ボード）等の組織で構成されている。

図序-6　IASBの組織

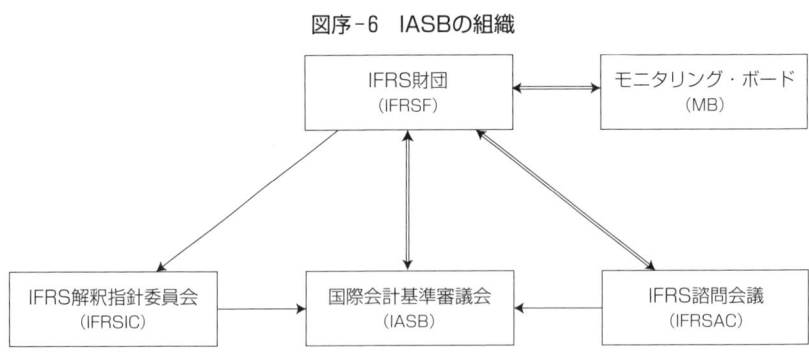

（出所）　日本公認会計士協会[2018]を参照して筆者作成。

㋐ IFRS Foundation（IFRS財団）

これは，IFRSの設定や監督等のための財団である。

㋑ Trustees（評議員会）

これは，IFRS財団の評議員により構成される機関であり，IASB・IFRS解釈指針委員会・IFRS諮問会議の各委員の選任や資金調達，予算の承認，IASBの監視・監督等を行う機関である。

㋒ IASB（国際会計基準審議会）

これは，実際に国際財務報告基準（IFRS）の設定を行う機関である。

㋓ IFRS Interpretations Committee（IFRS解釈指針委員会）

これは，国際財務報告基準の解釈を行い，解釈指針（IFRIC解釈指針）を作成する委員会である。

㋔ IFRS Advisory Council（IFRS諮問会議）

これは，国際財務報告基準の作成についての助言を行う機関である。

㋕ MB（モニタリング・ボード：監視委員会）

これは，米国の証券取引委員会（Securities and Exchange Commission：SEC），欧州委員会（European Commission：EC），わが国の金融庁（Financial Services Agency of Japan：JFSA）及び証券監督者国際機構（International Organization of Securities Commissions：IOSCO）等で構成され，評議員任命の承認やIFRS財団及びIASBの活動の監視を行う機関ある。なお，これは2008年の世界的な金融危機を契機として新たに設定されたものである[7]）。

表序-4　IFRS関係の組織（2010年3月以降）

旧　　組　　織	新　　組　　織
① IASC Foundation（IASC財団）	① IFRS Foundation：IFRSF（IFRS財団）
② Trustees（評議員会）	② Trustees（評議員会）
③ SAC（基準諮問会議）	③ IFRS Advisory Council：IFRSAC（IFRS諮問会議）
④ IASB（国際会計基準審議会）	④ IASB（国際会計基準審議会）

⑤ IFRIC（国際財務報告解釈指針委員会）	⑤ IFRS Interpretations Committee：IFRSIC（IFRS解釈指針委員会）
－	⑥ MB（モニタリング・ボード）＊

＊：MBは2008年の世界的な金融危機を契機として新たに設定されたものである。

❷　概念フレームワークの開発の概要

(1)　概念フレームワークの開発の概要

　1989年に国際会計基準委員会（IASC）は，会計基準の国際的調和化を図る上で，高品質で透明性があり，比較可能である財務諸表を作成・表示するために，それを作成する指針である会計基準の設定アプローチを，従来のピースミール・アプローチから理論的アプローチへ転換させた。これを可能にさせたのが，表序-5のように，同年にIASCより公表された「財務諸表の作成及び表示に関するフレームワーク」（IASC[1989a]）と公開草案32「財務諸表の比較可能性」（IASC[1989b]）であり，後者については，その後比較可能性改善プロジェクトによってIASの改訂作業を行った。そして，1993年に11の基準書の一括改訂によって，このプロジェクトは終了した。

表序-5　概念フレームワークの開発の概略

年	月	内　容
1989	7	IASC「財務諸表の作成及び表示に関するフレームワーク」の公表
2010	9	IASB・FASB改訂版「財務報告に関する概念フレームワーク　2010」の公表＊
2013	7	IASB討議資料「『財務報告に関する概念フレームワーク』の見直し」の公表
2015	5	IASB公開草案「財務報告に関する概念フレームワーク」の公表
2018	3	IASB改訂版「財務報告に関する概念フレームワーク」の公表

（注）　IASC：国際会計基準委員会，IASB：国際会計基準審議会，FASB：財務会計基準審議会
　＊：これは，1989年IASCの概念フレームワークの改訂版である。

このIASCの概念フレームワークは，米国の財務会計基準審議会（FASB）が1970年代から80年代にかけて公表した一連の「財務会計概念書」(Statement of Financial Accounting Concepts：SFAC）をモデルとして作成されているので，両者の間には，多くの類似点が見られる。

　この概念フレームワークについて，IASCから改組されたIASBは，2004年から米国FASBとの共同で，会計基準の国際的な統合化を促進し，将来の会計基準開発の基礎となる改善された概念フレームワークを開発するために，改訂プロジェクトを開始し，その成果として2010年9月に改訂版「財務報告に関する概念フレームワーク2010」を公表した。なお，これは，この改訂プロジェクトが全部を一括して改訂する「一括アプローチ」ではなく，全体を各フェーズに分割し，フェーズごとに改訂していくという「段階的アプローチ」(phased approach：PA）を採用したために，この時点では，基本的に「財務報告の目的」と「財務情報の質的特性」という二つの部分のみが改訂された。その後，両者は他の主要プロジェクトを優先させるために，本共同プロジェクトを休止した。そして，2011年のアジェンダ協議において，概念フレームワークの改訂をさらに進めるべきであるという多数の意見を反映して，残りの部分についての改訂を進めるために，IASBは，2012年から改訂プロジェクトを再開すると同時に，改訂アプローチ等を一括アプローチに基づく単独プロジェクトへと変更し，その成果として，2013年7月に討議資料「『財務報告に関する概念フレームワーク』の見直し」(IASB [2013])，そして，2015年5月に公開草案「財務報告に関する概念フレームワーク」(IASB [2015])，さらに，2018年3月に改訂版「財務報告に関する概念フレームワーク」(IASB [2018a]) を公表した。

　なお，本書でこの2018年版概念フレームワークからの引用は，パラグラフのみを示すこととする[8]。

(2) 改訂の必要な理由としての問題点

　IASBが従来の1989年概念フレームワークの改訂を開始した理由は，次の

とおりである。

すなわち,表序-6のように,従来の概念フレームワークは,「IASBが国際財務報告基準(IFRS)を開発する際に役立ってきたが,以下の問題がある。

(a) いくつかの重要な領域を扱っていない。(「未規定事項」)
(b) 一部の領域でガイダンスが不明確である。(「ガイダンス不足」)
(c) (従来の)「概念フレームワーク」のいくつかの側面が時代遅れになっている(「時代遅れ」)[9)]」(括弧内は著者挿入)。

表序-6 概念フレームワークの改訂の必要理由

(a)	未規定事項
(b)	ガイダンス不足
(c)	時代遅れ

以下では,これらの問題について,順に説明していくこととする。

(3) 改訂プロジェクトの目的

前述の従来の概念フレームワークの問題点を解消するためのIASBの概念フレームワークの改訂「プロジェクトの目的は,より完全で明瞭な更新された概念のセットを提供することによって財務報告を改善することである[10)]」。このために,改訂プロジェクトでは,前述の三つの問題点として示されたものに対して,次の①から③の対応を行っている[11)]。

① 「未規定事項」への対応

新しい概念フレームワークでは,従来の概念フレームワークよりも完全である。というのは,従来の概念フレームワークでは扱っていないか又は詳細に扱っていない以下の領域を扱っているからである。

(i) 測定
(ii) 財務業績(その他の包括利益の使用を含む)
(iii) 表示及び開示
(iv) 認識の中止

(ⅴ) 報告企業
② 「ガイダンス不足」への対応
　新しい概念フレームワークでは，従来の概念フレームワークについて，次のような側面を明確化している。
(ⅰ) 財務報告の目的を満たすために必要とされる情報には，企業の資源に係る経営者の受託責任の評価を助けるために使用できる情報が含まれている旨を明確化していること（「受託責任の明確化」）
(ⅱ) 財務報告における慎重性及び実質優先の役割を説明していること（「慎重性及び実質優先の役割の説明」）
(ⅲ) 測定の不確実性のレベルが高いと，財務情報の目的適合性を低下させる可能性がある旨を明確化していること（「測定の不確実性の高さによる目的適合性の低下」）
(ⅳ) 例えば，認識及び測定に関する重要な決定が，財務業績及び財政状態の両方に関してもたらされる情報の性質の考慮によって導かれる旨を明確化していること（「情報の性質の考慮に基づく認識・測定に関する決定」）
(ⅴ) 資産及び負債のより明確な定義，及びそれらの定義を補強するより広範なガイダンスを提供していること（「資産等の明確な定義とガイダンスの提供」）。
③ 「時代遅れ」への対応
　新しい概念フレームワークでは，従来の概念フレームワークの中で時代遅れになっている部分を見直している。例えば，資産及び負債の定義における蓋然性の役割を見直し，これを問題としないものとしている。
　以上がIASBの概念フレームワークの改訂プロジェクトが目指した事項である。

(4) 主要な改善点

　上記のような問題及びその改善意識を持った概念フレームワークの改訂プロジェクトが実行されて，2018年にその成果としての改訂版概念フレームワークが公表された。ここでなされた主な概念フレームワークの改善点は，以下の

とおりである[12]。

① **新たに規定したもの**

新しい概念フレームワークにおいて「新たに規定したもの」として、次のようなものがある。

㋐ 測定に関する概念
㋑ 表示及び開示に関する概念
㋒ 資産等を財務諸表から除外する時の認識の中止規準
㋓ 報告企業等がある。

② **最新化したもの**

新しい概念フレームワークにおいて「最新化したもの」として、次のようなものがある。

㋐ 資産及び負債の定義
㋑ 資産等を財務諸表に計上するための認識規準等がある。

③ **明確化したもの**

新しい概念フレームワークにおいて「新たに明確化したもの」として、次のようなものがある。

慎重性、受託責任、測定の不確実性及び実質優先等がある。

(5) 主な特徴点としての六つの事実

新しい概念フレームワークの主な特徴点としての「六つの事実」に関して、次のことを挙げている[13]。

㋐ すべての最重要な事項に関する包括的なフレームワークであること(「包括的なフレームワーク」)
㋑ 受託責任目的を明確化していること(「受託責任目的の明確化」)
㋒ 財務業績の報告の重要性を強調していること(「財務業績の強調」)
㋓ 資産等の概念を改善していること(「概念の改善」)
㋔ 測定等に関するガイダンスを導入していること(「ガイダンスの導入」)
㋕ IASBが基準を設定する際の支援をするものであり、それ自体は基準で

はないこと(「基準設定の支援」)
ということを挙げている。

③ 概念フレームワークの目的

(1) IASB 2018年概念フレームワークの目的

財務報告に関する概念フレームワーク(「概念フレームワーク」)は,一般目的財務報告の目的及び概念を記述している。概念フレームワークの目的(purpose of the conceptual framework)は,表序-7のとおりである(par.SP 1.1)。

表序-7 概念フレームワークの目的

内　　容
(a) IASB(審議会)が首尾一貫した概念に基づいたIFRS(基準)を開発するのを支援すること
(b) 特定の取引又はその他の事象に当てはまる基準がない場合,又は基準が会計方針の選択を認めている場合に,作成者が首尾一貫した会計方針を策定するのを支援すること
(c) すべての関係者が基準を理解し,解釈するのを支援すること

(出所) IASB [2018a] par.SP 1.1。

① 首尾一貫性のある会計基準の開発のため

まず,概念フレームワークの最も重要な目的は,IASBが首尾一貫した諸概念に基づいて首尾一貫した会計基準(IFRS)の開発を行うことを支援することである。

② 首尾一貫した会計方針の開発のため

上記①の他に,概念フレームワークの従属的な目的として,財務諸表の作成者が,特定の取引ないしその他の事象について適用する基準がない時,ないし基準が会計方針の選択を許容している時に,首尾一貫した会計方針を開発することを支援することである。

③ 会計基準の理解・解釈のため

そして，概念フレームワークのすべての関係者が基準を理解し，解釈することを支援することである。

このように，概念フレームワークの主要な目的は，IASBが首尾一貫した個別の会計基準の開発を行うことを支援すること等である。

(2) IASB 2010年概念フレームワークの目的

なお，表序-8のように，従来の2010年概念フレームワークでは，この他に，例えば，「各国の会計基準設定主体が国内基準を開発する際に役立つこと」等全部で七つの目的を掲げていた。

表序-8 2010概念フレームワークの目的

主　　体	目　　的	
IASB	将来の国際会計基準の開発と現行の国際会計基準の見直しを行うため	○
	認められている代替的な会計処理の数を削減するための基礎を提供することによって，財務諸表の表示に関する規則等の調和を促進するため	－
各国基準設定主体	国内基準の開発のため	－
財務諸表の作成者	国際会計基準の主題となっていないテーマに対処するため	○
財務諸表の監査人	意見の形成のため	－
財務諸表の利用者	国際会計基準に準拠して作成された財務諸表に含まれる情報の解釈のため	○
関心を有する人々	国際会計基準の形成へのアプローチに関する情報の提供のため	

○：1978年FASB概念フレームワーク，2010年IASB概念フレームワークと2018年IASB概念フレームワークに共通するもの。
（出所）　IASB［2010］を参照して著者作成。

序章　概念フレームワークの意義

(3) FASBのIASB概念フレームワークへの影響

　この概念フレームワークの目的について、史的展開の観点からIASBと概念フレームワークの改訂に関する共同プロジェクトを行っていた「米国財務会計基準審議会（FASB）のIASB概念フレームワークへの影響」を見てみると、図序-7のとおりである。

　すなわち、1978年に米国FASB概念フレームワーク第1号で示された三つの概念フレームワークの目的[14]は、それをモデルとして1989年に公表されたIASC概念フレームワークへ引き継がれると同時に、そこにおいてはさらに、当時のIASCのおかれていた状況に対処するために、より全体的な視点や国際的な視点等が付け加えられ、前掲表序-8のように、七つの目的として並列的に示された。

図序-7　FASBのIASB概念フレームワークの目的への影響

```
FASB          IASC          IASB          IASB
1978    →    1989    →     FASB    →     2018
CF            CF            2010          CF*2
                            CF*1

追加：                FASBと        IASBのSP
① 全体的視点         IASBの        限定化
② 国際的視点         JP            FASB化
```

（注）　FASB：財務会計基準審議会，IASC：国際会計基準委員会，IASB：国際会計基準審議会，CF：概念フレームワーク，JP：共同プロジェクト，SP：単独プロジェクト。
　　　＊1：部分改訂版　　＊2：全面改訂版。

　その後、2004年からFASBと共同プロジェクトを行ったIASBは、2010年にその成果の一部として改訂版概念フレームワークを公表したが、そのアプローチが段階的アプローチであり、かつその時点の改訂対象とはなっていなかったために、概念フレームワークの目的の部分についての変更はなかった。ただし、その後、FASBとの共同プロジェクトを解除し、2012年から単独プロジェクトで概念フレームワークの改訂を再開したIASBによってデュー・プ

ロセスを経て公表された2018年改訂版概念フレームワークにおいては、概念フレームワークの目的は限定され、基本的にFASBの1978年概念フレームワークと同様の内容の三つの概念フレームワークの目的に戻り、先祖返りしている。

4 概念フレームワークの位置づけ

① 優先関係

個別の会計基準との関連における「概念フレームワークの位置づけ」に関して、表序-9のように、概念フレームワークは、実際の実務に直接適用される個別の会計基準としてのIFRSではないので、特定の測定・開示等についての基準を定めていない。また、概念フレームワークは、個々のIFRSに優先して適用されるものでもないし、さらに、概念フレームワークとIFRSの要求事項が整合しない場合には、IFRSの方が優先されるという関係にある（par. SP1.2）としている。

表序-9 概念フレームワークの位置づけ

摘　要	位　置　づ　け
① 優先関係	・概念フレームワークは特定の測定・開示等についての基準を定めていないこと ・（基準のレベル）：概念フレームワークよりも、個別会計基準としてのIFRSの方が優先されること ・（要求事項のレベル）：概念フレームワークの要求事項よりも、IFRSの要求事項の方が優先されること
② 首尾一貫しない場合	概念フレームワークとIFRSとで異なる要求をする場合には、当該IFRSに関する結論の根拠において、その理由の説明
③ 概念フレームワークの改訂	長期的には必要に応じて概念フレームワークが改訂される可能性のあること
④ 使命への寄与	IFRS財団とIASBの明記された使命への寄与： 世界中の金融市場に透明性、会計責任及び効率性をもたらす国際財務報告基準（IFRS）を開発すること

序章　概念フレームワークの意義

		このために，概念フレームワークでは，次のような基準のための基礎を提供すること (a) 財務情報の国際的な比較可能性及び品質を高める基準の基礎の提供によって透明性に寄与 (b) 資本の提供者と彼らの資金の委託を受ける人々との間の情報ギャップを削減することによる会計責任の強化 (c) 投資者が世界中の機会とリスクを識別する助けとなり，資本配分を改善することによって経済的効率性に寄与
⑤	基準の不存在	基準が存在しない事項については，概念フレームワークが一つの拠り所として活用されること
⑥	会計基準の改訂	概念フレームワークが改訂された時，個別会計基準であるIFRSが自動的に改訂されるものではないこと

② 首尾一貫しない場合

「概念フレームワークと異なる会計基準の設定」に関して，一般目的財務報告の目的を達成するために，IASBは，概念フレームワークの諸側面から離脱する要求事項を基準に定めることがある。IASBがこれを行う場合には，IASBはその離脱を，問題となる基準に関する「結論の根拠」において説明する（par.SP 1.3）として，概念フレームワークと個別会計基準であるIFRSとで異なる要求をする場合，すなわち，メタ基準としての概念フレームワークの要求事項と首尾一貫しない個別会計基準の要求事項の設定等があるとしている。この場合には，当該IFRSに関する「結論の根拠」において，その理由を説明することとしている。

③ 概念フレームワークの改訂

「概念フレームワークの改訂」に関して，概念フレームワークは，IASBがそれを用いて作業した経験に基づいて，随時改訂される可能性がある（par.SP 1.4）として，必要に応じて概念フレームワークが，長期的には改訂される可能性を明示している。

④ 概念フレームワークの使命への寄与

「概念フレームワークの使命への寄与」に関して，概念フレームワークは，IFRS財団及びIFRS財団の一部であるIASBの明記された使命に寄与するもの

である。その使命とは、世界中の金融市場に透明性、会計責任及び効率性をもたらす国際財務報告基準（IFRS）を開発することである。IASBの作業は、国際経済の信認、成長及び長期的な財務的安定性を促進することによって、公益に役立つ（par.SP 1.5）として、概念フレームワークは、IFRS財団とIASBの明記された前述の世界中の金融市場に透明性、会計責任及び効率性をもたらす国際財務報告基準を開発するという使命に寄与するものであることを明示している。

このために、概念フレームワークは、次のような基準のための基礎を提供する（par.SP 1.5）としている。

(a) 財務情報の国際的な比較可能性及び品質を高める基準の基礎を提供し、投資者及び他の市場参加者が十分な情報に基づく経済的意思決定を行えるようにすることによって、透明性に寄与する。

(b) 資本の提供者と彼らの資金の委託を受ける人々との間の情報ギャップを削減することによって会計責任を強化する。概念フレームワークに基づいた基準は、経営者の説明責任を負わせるために必要とされる情報を提供する。国際的に比較可能な情報の源泉として、IFRSはまた、世界中の規制機関にとっても決定的に重要なものである。

(c) 投資者が世界中の機会とリスクを識別する助けとなり、したがって資本配分を改善することによって、経済的効率性に寄与する。企業にとって、概念フレームワークに基づく単一の信頼される会計言語の使用は、資本コストを引き下げ、国際的な報告コストを低減させる。

⑤ 個別の会計基準が存在しない事項

なお、個別の会計基準が存在しない事項については、この概念フレームワークが一つの拠り所として活用されることとなっている。

⑥ 会計基準の改訂

また、概念フレームワークが改訂された時、個別会計基準であるIFRSが自動的に改訂されるものではない。IFRSが改訂されるためには、IASBが定める一定のデュープロセスを経なければならない。

序章　概念フレームワークの意義

5　概念フレームワークの構成

IASBの2018年概念フレームワークの主な構成は，表序-10のとおりである。

表序-10　概念フレームワークの主な構成

第1章：一般目的財務報告の目的
第2章：有用な財務情報の質的特性
第3章：財務諸表と報告企業
第4章：財務諸表の構成要素
第5章：認識及び認識の中止
第6章：測定
第7章：表示及び開示
第8章：資本及び資本維持の概念

（出所）　IASB［2018a］pp.3-5を参照して著者作成。

2018年の新しい概念フレームワークでは，従来の概念フレームワークに加えて，新たに上記第3章「財務諸表と報告企業」と第7章「表示及び開示」等が加えられている。それ以外のものについては，既に従来の概念フレームワーク上規定がなされていた。ただし，その内容については，第8章「資本及び資本維持の概念」を除き，大きな改訂がなされている。

6　IASBの基本思考

ここでは，IASBの現実の概念フレームワーク等の規定が，何故そのようになっているのかというその背後の考え方を理解するという目的のために，IASBの現実の表面的な概念フレームワーク等の規定の背後に流れる「IASBの基本思考」を，わが国の従来（20世紀末から21世紀初頭に行われた会計ビッグ・バン以前）の基本思考と比較して，その特徴点を明らかにしたい。なお，これは，現実のIASBの概念フレームワークの背後にあると考えられる基本的な考え方であり，現実のIASBの概念フレームワーク等の規定とは異なっているこ

とに注意が必要である。また，わが国の現行の会計理論や会計制度は，会計ビック・バン以降IFRSとの度重なるコンバージェンスを経て，多くのIASB的な考え方を既に導入してきているので，注意が必要である。

会計ビック・バン以前の従来のわが国の会計計算構造は，一般に動態論に基づく発生主義会計ないし取得原価主義会計（historical cost accounting：HCA）である，と解されてきた。他方，IASBの理論的な基本構造は，公正価値を中心とする全面時価的会計である，と考えられる。両者における会計の基本思考（モデル）を図示すれば，表序-11のようにまとめられる。

表序-11　IASB（IFRS）と従来の日本の会計基本思考の比較

摘　　　要	従来[1]の日本の会計	ＩＡＳＢ（ＩＦＲＳ）
① 思考的背景	産業資本主義的な思考	金融資本主義的な思考
② 利益観	収益費用アプローチ[2]	資産負債アプローチ[2]
③ 基本構造	発生主義会計・原価主義会計	全面時価的会計
④ 時価の適用範囲	金融商品に限定[3]	金融商品・非金融商品（含：事業用資産）
⑤ 重視の対象	経営者の意図	市場・時価（公正価値等）・外形
⑥ 思考の前提	ゴーイング・コンサーン	投資の清算価値[4]
⑦ 志向の内容	製造業的・長期志向	金融業的・短期志向
⑧ 会計の本質・中心概念	配分	評価
⑨ 認識測定ベース	（実際）取引ベース	取引・仮想的市場計算ベース
⑩ 財務報告情報の質的特性	信頼性（・目的適合性）	忠実な表現（・目的適合性）
⑪ フロー対ストック	フロー重視	ストック重視
⑫ 中心的な利益	純利益	包括利益
⑬ リサイクリング	リサイクリング重視[3]	リサイクリング軽視[5]

＊1：わが国の1990年代の会計ビック・バン以前の考え方。
＊2：本来，view of earningsすなわち，利益をどのように見るかということであり，「収益費用中心観」（利益を，収益費用を中心として捉える見方）ないし「資産

序章　概念フレームワークの意義

　　　負債中心観」(利益を, 資産負債を中心として捉える見方)と訳すことが適切で
　　　あろう。
　＊3：ただし, 厳密には, この考え方は会計ビッグ・バン以後において明示されたも
　　　のである。
　＊4：ファイナンス理論的な観点から企業それ自体も一つの商品として捉え, 企業を
　　　売買することをも視野に入れた考え方に影響を受けているという意味で。ただし,
　　　概念フレームワーク上は,「継続企業」(ゴーイング・コンサーン)を前提とした
　　　論理展開となっている。
　＊5：リサイクリングを原則とするけれども, 必ずしもリサイクリングを強制しない
　　　という意味で。
(出所)　岩崎[2011a]110頁(一部変更)。

　このような基本思考の背景には, わが国が伝統的に産業の発展により経済を豊かにしていこうとする産業資本主義的な思考を重視してきたのに対して, IASBでは, 特に1980年代後半からの金融工学をベースとして生み出された新金融商品の発展とともに広まってきた英米の思考である金融資本主義的な思考[15]が強く影響しているものと考えられる。これは, 図式的には, わが国が長期志向でゴーイング・コンサーンを前提とした製造業的な思考の下での会計観を従来から採用してきており, 他方, IASBは, ファイナンス理論的な観点から企業それ自体も一つの商品として捉え, 企業を売買することをも視野に入れた考え方に影響を受けている。言い換えれば, IASBは短期志向で投資の清算価値を常に念頭に置く金融業的な思考の下での会計観を採用していると考えられるものである。このことが, わが国において, 実際に行われた取引ベースの会計を維持し, それゆえ事業用資産については原価測定を堅持するという主張に, 他方, IASBにおいては, ゴーイング・コンサーンを排除し得ることを前提として事業用資産にも再評価モデルを任意適用することによって, 売却を前提とした評価[16]を想定すると共に, 仮想的市場計算ベースの会計である公正価値会計における公正価値概念として出口価格[17]を採用するという主張に端的に表れている。このように, 従来のわが国において採用されていた実際の取引をベースとして, その取得原価を配分していくという取引ベースの配分を会計の中心的なプロセスと考える取得原価主義会計から, IASBとのコンバー

21

ジェンスの進展に伴って，IASBに見られる仮想的市場計算ベースの評価を会計の中心的なプロセスと考える公正価値会計へ徐々に移行しつつある状況にある[18]。

7　新しい概念フレームワークの主な特徴点

ここでは，新しい 2018 年 IASB 概念フレームワークの主な特徴点について説明していくこととする。これは，表序-12 のとおりである。

表序-12　新しい概念フレームワークの主な特徴点

	項　　目	内　　容
1	社会経済的な背景	金融資本主義的な考え方の高まり
2	会計の基本思考	財務実態とリスクの開示
3	CFの目的	IASBが首尾一貫した会計基準を設定するためのメタ基準等
4	設定アプローチ	（基本的には）演繹的アプローチ
5	CFの特徴	大枠としては（時価会計化した）緩い枠組み
6	利益観	資産負債アプローチ
7	基本的アプローチ	意思決定有用性アプローチ
8	財務報告の目的	経済的意思決定目的：投資家等の意思決定のために有用な報告企業の財務状況に関する情報の提供 ・受託責任目的は意思決定目的に含まれる下位目的
9	会計主体論	企業主体理論
10	報告企業	一般目的財務諸表の作成を選択・要求される企業 ・報告企業の範囲：支配概念で決定 ・連結財務諸表を必須とすること
11	財務状況の計算書	財政状態計算書・財務業績の計算書等
12	財務諸表の構成要素	資産，負債，持分，収益，費用
13	構成要素の定義	資産負債アプローチと負債確定アプローチの適用：資産負債を鍵概念として使用し，持分は資産と負債の差額概念 ・資産とは過去の事象の結果として企業が支配している

22

		現在の経済的資源 ・収益とは持分の増加を生じる資産の増加又は負債の減少（持分請求権の保有者からの拠出に関するものを除く）
14	会計の本質・中心概念	（配分というよりも）評価の重視
15	財務情報の質的特性	基本的質的特性（目的適合性と忠実な表現），補強的質的特性（比較可能性，検証可能性，適時性，理解可能性） ・質的特性の実質化：認識規準の一部等
16	認識規準	限定認識アプローチ：㋐定義（前提），㋑目的適合性・忠実な表現（質的特性），㋒コスト制約（制約条件）
17	測定アプローチ	混合測定基礎アプローチ
18	測定基礎	歴史的原価・現在価額（公正価値・使用価値／履行価値・現在原価） 取引ベースと仮想的市場計算ベース
19	測定基礎決定アプローチ	目的適合性誘導アプローチ：将来キャッシュ・フローへの寄与，資産負債の特徴，測定の不確実性の程度から測定基礎の選択
20	不確実性の取扱	財務諸表の構成要素の定義や認識規準ではなく，測定等で取り扱うという新しいアプローチ
21	キャッシュ・フローの視点	（過去のキャッシュ・フローである収支よりも）将来キャッシュ・フローへの寄与の視点
22	財務業績	包括利益（純損益・その他の包括利益） ・利益概念の定義なし，また「包括利益」という概念も出てきていないこと
23	純損益	主要な財務業績
24	リサイクリング	リサイクリング・アプローチ：原則としてリサイクルするという部分リサイクリング・アプローチ
25	資本維持概念	（名目）貨幣資本維持概念

(注) CF：概念フレームワーク。
(出所) 岩崎[2016c]2頁（一部修正）。

① 社会経済的な背景

　新しい概念フレームワークが公表された社会的な背景としては，1980年代から欧米を中心として金融工学をベースとして生み出された新金融商品の発展

とともに急激に進展してきた英米の思考である金融資本主義的な考え方の高まりがある。この金融商品の会計処理については，公正価値会計が最も適し，これに影響される形で，これまで継続的に個別会計基準や概念フレームワークが改訂されてきている。

② 会計の基本思考

会計の基本思考としては，前述の金融資本主義的な考え方を背景として，企業の経営成績や財政状態という財務実態とそこにおけるリスクの開示が，財務報告の利用者から求められ，それに応える形で，概念フレームワーク等が改訂されてきている。

③ 概念フレームワークの目的

IASBの公表した改訂版概念フレームワークの主な目的は，IASBが首尾一貫した個別会計基準を設定する時のメタ基準となるためのものである。なお，副次的な目的としては，個別会計基準が存在しない場合等に使用することや基準を理解し解釈するのを支援することを挙げている。

④ 設定アプローチ

概念フレームワークの設定アプローチは，基本的に財務会計に関する目的や基礎概念を予め設定し，それに基づいて「規範的なアプローチ」である「演繹法」よって，首尾一貫性のある会計基準を設定しようとするものである。このための基礎的な諸概念の体系を明文化したものが概念フレームワークである。

⑤ 概念フレームワークの特徴

概念フレームワークの特徴として，例えば，金融商品等の会計処理に適するように，資産の定義において，不確実性に関連して蓋然性を問題としないことを明示したこと，財務情報の質的特性において，「信頼性」を「忠実な表現」へ変えたこと，認識規準において，蓋然性要件と信頼性要件を削除したこと，測定において，その測定属性を決定するのに，伝統的な考え方である過去の支出（キャッシュ・フロー）を基礎とするのではなく，将来キャッシュ・フローを基礎とする理論を採用していること等，大枠として金融商品等の会計処理（公正価値会計等の時価会計）に適した概念フレームワークとなっている。このよう

な観点からは，大枠として「概念フレームワークの公正価値会計を中心とする時価会計化」と呼べる現象が見られる[19]。

⑥ 利　益　観

概念フレームワークの利益観としては，概念定義の側面からすると，計算構造上，資産負債から定義を始め，それらの変動として収益費用を定義するという連繋観に基づく資産負債アプローチを採用している。と同時に，経済的便益の流入の期待というような蓋然性を排除することによって，縛りの緩い概念フレームワークとすることで，原価主義会計というよりも公正価値会計等の時価会計に親和的なものとなっている。

⑦ 基本的アプローチ

概念フレームワーク上の財務報告の目的は，現在の及び潜在的な投資者，融資者及び他の債権者が企業への資源の提供に関する意思決定を行う際に有用な報告企業についての財務情報を提供することであるとして，「意思決定有用性アプローチ」（decision usefulness approach）に基づき，意思決定に有用な財務情報をその利用者に提供することである，という意思決定目的を基本目的としている。

⑧ 財務報告の目的

財務報告の基本目的は，投資者等の意思決定のために有用な報告企業の財務状況に関する情報を提供すること（「意思決定目的」ないし「情報提供目的」）であり，より具体的目的としては，「将来キャッシュ・フロー予測目的」と「受託責任目的」を挙げている。なお，受託責任目的が目的として明示され，復活しているが，あくまでもそれは意思決定目的の枠内のものであるところが従来のものと異なっている。

⑨ 会計主体論

概念フレームワーク上，会計主体論についての明示はない。ただし，「財務諸表上採用された視点」に関して，財務諸表は，当該企業の現在ないし潜在的な投資者，融資者ないし他の債権者という特定の集団の視点からではなく，報告企業全体としての視点から，取引及びその他の事象についての情報を提供す

るとして，資本主理論的な考え方ではなく，企業主体理論的な考え方を示している。なお，連結主体論（連結基礎概念）においては，IASBは，資本主理論的な考え方と整合性のある「親会社説」ではなく，基本的に企業主体理論的な考え方と整合性のある「経済的単一体説」によっている。

⑩ 報告企業

概念フレームワーク上，報告企業とは，一般目的財務諸表の作成が強制され，ないし選択した企業のことであり，その範囲は支配概念を適用して決定する。また，この場合，連結財務諸表の作成・表示が強制されている。

⑪ 財務状況の計算書

概念フレームワーク上，財務状況の計算書として，財政状態計算書，財務業績の計算書，キャッシュ・フロー計算書及び持分変動計算書が考えられている。

⑫ 財務諸表の構成要素

概念フレームワーク上，財務諸表の構成要素として資産，負債，持分，収益及び費用を考えている。なお，IASBは，資産負債アプローチを採用するので，このうち特に資産負債の定義を最も重視し，他の項目はそこから導き出されている。

⑬ 財務諸表の構成要素の定義

概念フレームワーク上，財務諸表の構成要素の定義に関して，資産負債アプローチと負債確定アプローチを適用して，資産負債を鍵概念として使用し，持分は資産と負債の差額概念としている。具体的には，資産とは過去の事象の結果として企業が支配している現在の経済的資源であり，収益とは持分の増加を生じる資産の増加又は負債の減少（持分請求権の保有者からの拠出に関するものを除く）であるとしている。

⑭ 会計の本質・中心概念

概念フレームワークにおいては，実際の取引をベースとして，その取得原価を配分していくという取引ベースの配分を会計の中心的なプロセスと考える取得原価主義会計ではなく，公正価値会計で典型的に見られるように，仮想的市場計算ベースの評価を会計の中心的なプロセスと考える考え方を重視している。

序章　概念フレームワークの意義

それゆえ，概念フレームワーク上は，基本的に「配分」というよりも，「評価」を重視しているといえる。

⑮　財務情報の質的特性

概念フレームワーク上，財務情報の質的特性に関して，意思決定のために有用な情報を提供するために，基本的質的特性として目的適合性と忠実な表現を挙げ，また，補強的質的特性として比較可能性，検証可能性，適時性，理解可能性を挙げている。と同時に，制約としてコスト制約を示している。そして，質的特性が従来のように，単なる財務情報の質的特性に留まらず，新たに認識規準の一部になり，また，測定基礎の決定に影響を与えるものとなっているという意味で，「質的特性の実質化」が見られる。

⑯　認識規準

概念フレームワーク上，認識規準としては，「限定認識アプローチ」に基づき，㋐資産等の財務諸表の構成要素の定義を満たすことを前提として，㋑目的適合性があり，かつ忠実な表現ができる財務情報を認識することとしている。この場合，㋒制約としてコスト制約を挙げている。

⑰　測定アプローチ

概念フレームワーク上，測定アプローチとしては，複数の測定基礎を使用するという「混合測定基礎アプローチ」が採用されている。

⑱　測定基礎

概念フレームワーク上，測定基礎として，それを大きく歴史的原価と現在価額に分けるという「2分法」を採用している。また，後者をさらに公正価値，使用価値・履行価値及び現在原価（カレントコスト）に分けている。そして，測定基礎を選択する際に考慮すべき事項として，財務情報の質的特性で示されている目的適合性と忠実な表現等を挙げ，さらにコスト制約を挙げている。

歴史的原価の場合には取引ベースによる測定であるのに対して，現在価額は仮想的市場計算ベースを基礎とするものである。そして，これは従来あまり重視されなかったが，本概念フレームワーク上では重要なものへと変化している。

⑲ 測定基礎決定アプローチ

概念フレームワーク上，測定基礎決定アプローチは，有用な財務情報の提供のために，目的適合性のある財務情報の提供という観点から測定基礎について，目的適合性の観点から測定基礎を導き出そうという「目的適合性誘導アプローチ」を採用している。より具体的なものとして，将来キャッシュ・フローへの寄与，資産負債の特徴，測定の不確実性の程度の観点から測定基礎を決定することとしている。

⑳ 不確実性の取扱い

概念フレームワーク上，不確実性の取扱いについて，従来のように，財務諸表の構成要素の定義や認識規準ではなく，測定等で取り扱うという新しいアプローチが採用されている。これに伴って，将来のキャッシュ・フロー等の予測についても，従来の最も発生確率の高い最頻値を見積もるという「最頻値法」から複数の発生シナリオを予想し，それぞれのものに発生確率を乗じて計算するという「期待値法」へと移行しつつある。

㉑ キャッシュ・フローの視点

概念フレームワーク上キャッシュ・フローの視点に関して，従来の会計では，基本的に取引の結果を財務諸表に表示していた。それゆえ，キャッシュ・フローも過去のキャッシュ・フローである収支を基礎としたものになっていた。他方，新しい概念フレームワークでは，例えば，金融商品等の公正価値評価という時価会計の採用に伴って，キャッシュ・フローの視点も，資産等の将来キャッシュ・フローへの寄与の視点を基礎として資産等の将来キャッシュ・フローを見積り計算するということが重視されるようになってきている。

㉒ 業　　　績

概念フレームワーク上，IASBは資産負債アプローチを採用しているので，資産負債の増減変化額として収益費用を認識し，測定している。そこで，採用される利益概念は，理論的には，資産負債の増減差額としての期首分の増加額である「包括利益」である。しかも，この1期間の財務業績を計算表示するのが「財務業績の計算書」である。しかし，これにも関わらず，IASBは，当期

の財務業績の主たる源泉は損益計算書上で示される純利益であることを明示している。しかも，IASBは，利益概念の定義をしておらず，また「包括利益[20]」という概念も出てきていないことに注意が必要である。

㉓ 純　損　益

概念フレームワーク上，前述のように，IASBは，当期の財務業績の主たる源泉は損益計算書上で示される純利益であることを明示している。ただし，この純損益は，IASBが原則としてすべての損益を損益計算書に計上することを明示しているので，資産等の未実現の評価損益が損益計算書に含まれることとなり，従来の実現収益が計上される実現利益ではなく，資産等の未実現の評価損益を含むものに変容している。しかも，一旦，その他の包括利益に計上されたものは，原則として損益計算書へリサイクルするけれども，すべてを損益計算書へリサイクルされる必要がないとしているので，一部その他の包括利益から純損益へリサイクルされないものとなっているという意味でも，純損益の変容が生じている。

㉔ リサイクリング

概念フレームワーク上，リサイクリングに関して，上述のように，原則としてリサイクルするという「部分リサイクリング・アプローチ」を採用しているので，その他の包括利益に計上された項目が全て，損益計算書へリサイクルされないこととなる。その結果，純利益の総額とキャッシュ・フローの総額とがその分だけ，一致しなくなり，企業価値評価で使用する有用な情報が提供できなくなっている。

㉕ 資本維持概念

概念フレームワーク上，IASBは，現状においてほとんどの企業が（名目）貨幣資本維持概念を使用しており，特に現在においてこの考え方を変更しようとしていない。なお，測定基礎と資本維持概念の選択によって，財務諸表の作成に当たって用いられる「会計モデル」が決定されるとしている。

〔注〕
1) メタ基準とは，（個別の会計）基準を作成するための基準のことである。
2) IASBの概念フレームワークでは，「投資者」と呼んでいるが，一般には「投資家」と呼ばれる。
3) これは，最良な実務（best practices）を集約して，一定の目的によって会計基準を体系的に設定しようとする帰納的アプローチ（inductive approach）に対応するものである。
4) 岩崎[2014a]131頁。
5) 同上，131頁。なお，メタ基準性及び逆メタ基準性という用語は，税法の基準性と逆基準性をイメージして名付けている。
6) FASB[1976]par.3（森川[1988]5頁）。
7) 日本公認会計士協会（JICPA）[2018]「IASBの組織」。
8) 本書では，日本語訳については，ASBJ等から公式の日本語訳が出ている場合には，基本的にはそれによっている。ただし，著者がより良いと判断した場合には，著者の訳によっている。
9) IASB[2015]p.6.
10) Ibid., p.6.
11) Ibid., p.7.
12) IASB[2018c]．
13) IASB[2018b]．
14) そこでは，具体的目的として，①主目的としてFASBが一貫性のある会計基準を開発する場合に用いる基本目的や諸概念を参照枠として確立すること，その他目的として，②財務報告の利用者が財務報告情報をよりよく理解することが可能となり，また，③適用しうる権威ある公式見解がない場合には，新しい又は緊急の諸問題を解決するための指針となりうることの三つを挙げている。
15) 金融資本の増殖により経済を豊かにしていこうとする考え方のこと。
16) 出口価格評価。
17) これは，投資の清算価値・売却価値を意味する。
18) 岩崎[2011a]110-111頁。
19) 岩崎[2014a]132頁。
20) ただし，「その他の包括利益」（OCI）という概念は出てきている。

IFRSの概念フレームワーク

岩崎　勇

第 1 章　一般目的財務報告の目的

1　一般目的財務報告の目的の概要と位置づけ

(1) 一般目的財務報告の目的の概要

IASBの概念フレームワーク上，第1章「一般目的財務報告の目的」では，表1-1のような内容を規定している。

表1-1　第1章「一般目的財務報告の目的」の規定内容

(1)　はじめに
(2)　一般目的財務報告の目的，有用性及び限界
(3)　報告企業の経済的資源，当該企業に対する請求権並びに資源及び請求権の変動に関する情報
①　経済的資源及び請求権
②　経済的資源及び請求権の変動
③　発生主義会計により反映される財務業績
④　過去のキャッシュ・フローにより反映される財務業績
⑤　財務業績から生じたものではない経済的資源及び請求権の変動
(4)　企業の経済的資源の使用に関する情報

（出所）　IASB[2018a]p.3，番号は著者が挿入。

　概念フレームワーク上の「一般目的財務報告の目的」に関して，財務報告の目的は，当該企業への資源の提供に関する意思決定を行う際に有用な財務情報を，財務情報の利用者に提供することである。この場合，利用者の意思決定には，㋐持分ないし負債証券を購入・売却・保持することについて，㋑貸付その他の信用を供与し又は決済することについて，㋒経営者の行為に対する議決権の行使ないしその他の影響についての意思決定がある。

　これらの意思決定を行うために，利用者は，㋐当該企業への将来正味キャッシュ・インフローについての予測，㋑当該企業の経済的資源についての経営者

の受託責任を評価するとして,資源提供に関する基本目的である「意思決定目的」に対する具体的目的として「将来キャッシュ・フロー予測目的」と「受託責任目的」を明確化している。

以下では,これらについて順に解説していくこととする。

(2) 一般目的財務報告の目的の位置づけ

IASBの概念フレームワーク上,「一般目的財務報告」(general purpose financial reporting：GPFR) とは,不特定多数の利用者に対してなされる一般目的の財務報告のことである。IASBは,これについて,単に「財務報告」(financial reporting：FR) とも呼んでいる。この財務報告の目的は,後述のように,企業が,誰に対して,どのような財務情報を提供することを目的とするものであるのかについて規定するものである。

そして,この「財務報告の目的の位置づけ」に関して,図1-1のように,この財務報告の目的は,概念フレームワークの最も基礎となるものであり,その他の部分はこの目的を達成するために,論理的に生じ,これと整合的に規定されている。すなわち,有用な財務情報の質的特性及びこのような情報に対するコスト制約,報告企業概念,財務諸表の構成要素,認識及び認識の中止,測定,表示及び開示は,この財務報告の目的から論理的に導かれている(par.1.1) として,概念フレームワーク上財務報告の目的が最も重要かつ前提となるものであると位置づけ,かつ他の部分は,この財務報告の目的と整合的に規定されている。

図1-1 概念フレームワーク上の財務報告の目的と他の要素との関連

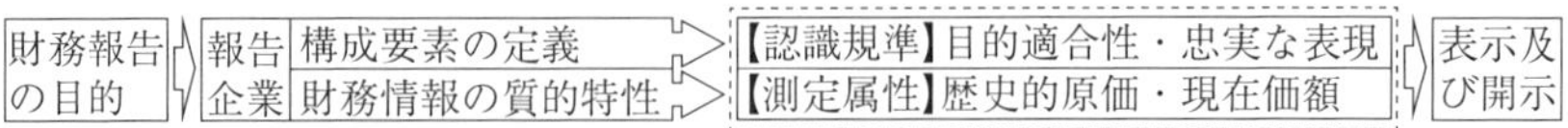

財務報告の目的	報告企業	構成要素の定義 財務情報の質的特性	【認識規準】目的適合性・忠実な表現 【測定属性】歴史的原価・現在価額	表示及び開示

(出所) 岩崎[2016b]77頁(一部変更)。

第1章 一般目的財務報告の目的

(3) 財務報告の目的と財務諸表の目的

従来のIASCの1989年概念フレームワークでは，図1-2のように，財務報告の中心となる「財務諸表の目的」(objective of financial statements) について規定をしていたけれども，IASBの2018年概念フレームワーク[1]では，「財務諸表の目的」から「財務報告の目的」(objective of financial reporting) へと，その目的が拡大されている。

図1-2 財務報告の目的へ

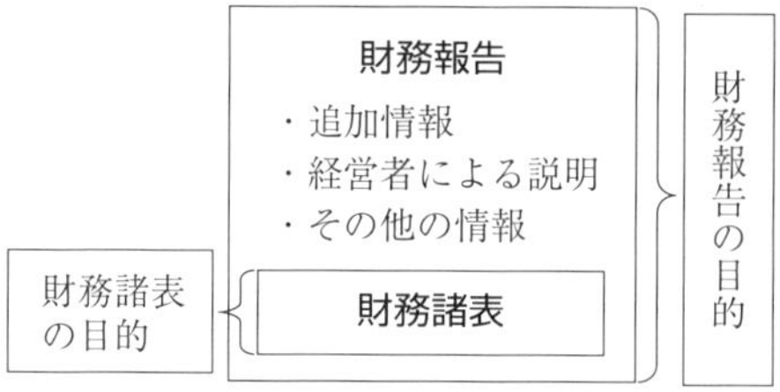

```
              財務報告
           ・追加情報           財
           ・経営者による説明    務
           ・その他の情報        報
                               告
  財務諸表 ┌─────────┐  の
   の目的 │   財務諸表    │  目
         └─────────┘  的
```

すなわち，表1-2のように，概念フレームワークの目的に関する規定範囲を，財務諸表のみではなく，その周辺のものを含む，財務報告まで広げている。なお，財務報告は，財務諸表の他に，追加情報や経営者による説明等を含む，財務諸表より広い概念である。これは，利用者指向的な考え方をより重視していることや利用者からの財務情報の要求が以前よりも拡大してきていることを反映するものである。

表1-2 会計目的の対象

概念フレームワーク	目的の対象
1989年概念フレームワーク	財務諸表の目的
2018年概念フレームワーク＊	財務報告の目的

＊：2010年概念フレームワークも同様。

❷ 財務報告の目的の意義

(1) IASB概念フレームワーク上の財務報告の目的

前述のように，概念フレームワーク上最も重要な「財務報告の目的」に関して，表1-3のように，「財務報告の目的」は，現在の及び潜在的な投資者，融資者及び他の債権者が企業への資源の提供に関する意思決定を行う際に有用な報告企業についての財務情報を提供することである（par.1.2）として，意思決定有用性アプローチ（decision usefulness approach：DUA）に基づき意思決定に有用な財務情報をその利用者に提供することであるという「意思決定目的」を基本目的としている。

なお，これらの意思決定には，(a)資本性及び負債性金融商品の売買又は保有に関するもの，(b)貸付金及び他の形態の信用の供与又は決済に関するもの，又は(c)企業の経済的資源の使用に影響を及ぼす経営者の行動についての議決権又はその他の影響力の行使に関するものが含まれる（par.1.2）としている。

表1-3　財務報告の目的

前　提	基本目的	具　体　的　目　的	必　要　な　情　報
意思決定有用性アプローチ	意思決定目的・情報提供目的	①　将来キャッシュ・フロー予測目的	・将来の正味キャッシュ・インフローの見通しに関する情報 ・企業の資源，企業に対する請求権及びそれらの資源及び請求権の変動に関する情報
		②　受託責任目的*	企業の経営者や統治機関が企業の資源を利用する責任をどれだけ効率的かつ効果的に果たしたのかに関する情報

＊：1989年概念フレームワークでは，基本目的として受託責任目的を規定していた。そして，2010年概念フレームワークにおいて，これが明示されなくなったが，2018年概念フレームワークにおいて具体的目的として復活し，明示された。

この基本目的としての意思決定目的の下位にある具体的目的として，表1-3

のように，㋐企業への将来の正味キャッシュ・インフローの金額，時期及び不確実性（という「将来の正味キャッシュ・インフローの見通し」(prospects for future net cash inflows)2)）に関する彼らの評価を行うのに役立つ情報3)（すなわち企業の資源，企業に対する請求権及びそれらの資源及び請求権の変動に関する情報）及び㋑企業の経営者が企業の経済的資源に関する経営者の受託責任（stewardship）を評価するのに役立つ情報（すなわち企業の経営者や統治機関が企業の資源を利用する責任をどれだけ効率的かつ効果的に果たしたのかに関する情報）を提供することである（pars.1.3-1.4）として，意思決定目的を基本目的として，その下位にある具体的目的として，「将来キャッシュ・フロー予測目的」と経営者の「受託責任目的」を挙げている。

本概念フレームワークと従来の2010年概念フレームワークとの財務報告の目的に関する大きな相違は，具体的目的として受託責任目的を明示するか否かである。すなわち，表1-4のように，従来の2010年概念フレームワークでは，受託責任目的を明示していなかったけれども，新しい2018年概念フレームワークでは，それが復活し，明示された，ということである。

表1-4 受託責任目的の取扱い

概念フレームワーク	SS目的の明示	SS目的の取扱い
1989年概念フレームワーク	○	意思決定目的とは独立
2010年概念フレームワーク	×	－
2018年概念フレームワーク	○	意思決定目的の枠内

（注）　SS：受託責任，○：明示あり　×：明示なし。

なお，米国との共同プロジェクトの結果公表された従来の2010年概念フレームワークでは，受託責任という用語を明示的に使用していなかった。このように，受託責任目的の明示という変更をIASBが行った点について，FASBはこの様な変更を行わないことを決定している。他方，IASBがこのような受託責任目的の明示という変更を行ったのは，概念フレームワークを改善することの方がより重要であると判断しているためである4)。

表1-5　概念フレームワーク上の受託責任目的の取扱い

概念フレームワーク上の受託責任目的の取扱い	IASB	明示
	FASB	明示なし

(2) 会計目的

① 会計目的の種類

「会計目的」に関して、種々のものが考えられるが、一般的には、表1-6のように、受託責任目的、利害調整目的及び情報提供目的が挙げられる。これらの関係をどのように捉えるかは、論者によって様々である。

表1-6　会計目的

会計目的	① 受託責任目的
	② 利害調整目的
	③ 情報提供目的

(出所)　岩崎[2012]62頁。

第1の「受託責任目的」に関しては、例えば、「会計は、初めは、財産の保有者からその管理運用を委託された者が自己の会計責任を明らかにするために、委託者へ報告するものであった[5]」というものである。この場合、「受託責任」(stewardship) とは、会計責任ないし説明責任（accountability）とも呼ばれることがあり、企業の財産管理及び運用における経営者の責任のことである。そして、この責任を遂行するために、経営者は、財産の効率的な運用を行うと共に、不利益をもたらす経済的事象から財産を守ることが要求され[6]、同時に、その顛末(てんまつ)を委託者に報告する責任がある[7]。このような受託責任の観点は、所有と経営が分離し、株式会社制度の下に高度に資本主義が発達した今日においても重要なものであり続けている。

なお、ここでの受託責任は、伝統的な企業経営者の側からのものであり、後述のように、財務情報の利用者としての投資者側の意思決定目的の一部に属するというIASBの2018年概念フレームワークの視点とは異なるものである。

第2の「利害調整目的」に関して，企業は，経営者，株主，債権者，国，従業員，仕入先，得意先等の種々の利害関係者との関係で構成されている。しかも，これらの利害関係者の利害は必ずしも一致しておらず，利害の対立 (conflict of interests : COI) する可能性がある。例えば，株主と債権者との関係では，配当を巡り利害の対立が生じる可能性がある。このような利害関係者間の利害の対立を会計の利益計算等を通して調整しようとするものが，「利害調整目的[8]」である[9]。この利害調整目的は，各国においては，伝統的に最も重視されている会計目的の一つである。この場合，この目的の遂行，すなわち利害の対立を調整するために，客観的で検証可能性があり，かつ信頼性の高い会計すなわち原価・実現主義を中心とする取得原価主義会計が伝統的に行われてきている。

なお，IASBは，配当可能利益の計算表示等に関しては，各国の会社法や商法等が異なる規定をしているので，利害調整目的をIFRSの対象外として問題としていない。

第3の「情報提供目的」に関して，会社の利害関係者が意思決定を行う上で有用な財務情報を提供しようとするものが「情報提供目的」であり，「意思決定目的」ないし「意思決定機能」とも呼ばれることがある[10]。

なお，前述のように，IASBは，この情報提供目的を財務報告の基本目的として掲げている。そして，この具体的目的の一つとして，財務情報の利用者としての投資者側からの（将来キャッシュ・フロー予測目的と共に）受託責任目的を情報提供目的（ないし意思決定目的）に含まれるものとして位置づけている。

② 受託責任概念の変容

新しいIASBの概念フレームワークでは，前述のように，受託責任概念について，伝統的な「企業ないし作成者の観点からの受託責任概念」ではなく，「市場ないし利用者の観点からの受託責任概念」を使用し，受託責任が全体としての意思決定に包摂されるという見解を採用している。

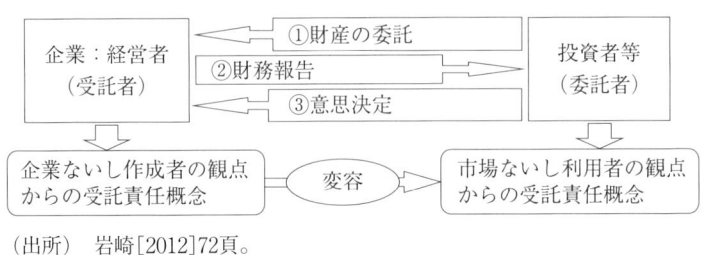

図1-3 受託責任概念の変容

（出所） 岩崎［2012］72頁。

　それゆえ，そこにおいては，図1-3のように，従来の概念フレームワークと比較して受託責任概念の変容が見られる。

　このように，IASBの概念フレームワークは，従来の企業の会計計算及び報告という受託責任的な観点から，意思決定のための情報提供目的をより重視するという「将来志向重視[11]」の市場ないし利用者の観点へとその立場を転換している。このことによって，益々意思決定有用性アプローチに基づく概念フレームワークを重視した会計基準の設定を，IASBが将来行おうとしているものと考えられる[12]。

(3) 主要な利用者

　財務報告の「主要な利用者」(primary users：PU) に関して，IASBは，「現在の及び潜在的な投資者，融資者及び他の債権者」が主要な利用者であるとしている。そして，この主要な利用者を想定して概念フレームワークの全体的な理論構築を行っている。

　その理由は，これらの利用者の多くは，情報提供を企業に直接に要求することができず，必要とする財務情報の多くを一般目的財務報告書に依拠しなければならないからである (par.1.5) としている。この場合，主要な利用者の間の「順序づけ」はなされていない。また，この主要な利用者以外の利用者としては，例えば，経営者や規制当局等がいる。

　この場合，「主要な利用者から経営者やその他の関係者が除かれる理由」に

関して，企業の経営者も企業に関する財務情報に関心がある。しかし，経営者は必要とする財務情報を内部で入手できるので，一般目的財務報告書に依拠する必要がない（par.1.9）としている。また，その他の関係者（規制者や一般大衆のうち投資者，融資者及び他の債権者以外の人々）も，一般目的財務報告を有用と考える場合がある。しかし，一般目的財務報告書は，それら他のグループを主たる対象とはしていない（par.1.10）として，経営者及びその他の関係者を経営主要な利用者から除いている。

次に，「提供する財務情報の範囲」に関して，財務報告書は，主要な利用者が必要としている情報のすべてを提供しているわけではなく，すべてを提供することはできない。それらの利用者は，他の情報源からの関連する情報を考慮する必要がある。例えば，全般的な経済状況及び予想，政治的な事象及び情勢，並びに業界や会社の見通しなどである（par.1.6）として，財務報告書は，主要な利用者が必要としているすべての情報を提供していないし，また提供できないことを認めている。

なお，図1-4のように，従来の1989年概念フレームワークは多くの利用者を挙げ，主要な利用者という用語は使用していなかった。その代わりに，利用者の代表として最終リスクの負担者である「投資者」を考え，彼らにとって有用な情報を提供するという観点から概念フレームワーク上の財務情報の目的等に関する論理を展開していた。

図1-4　財務情報と利用者の論理構成

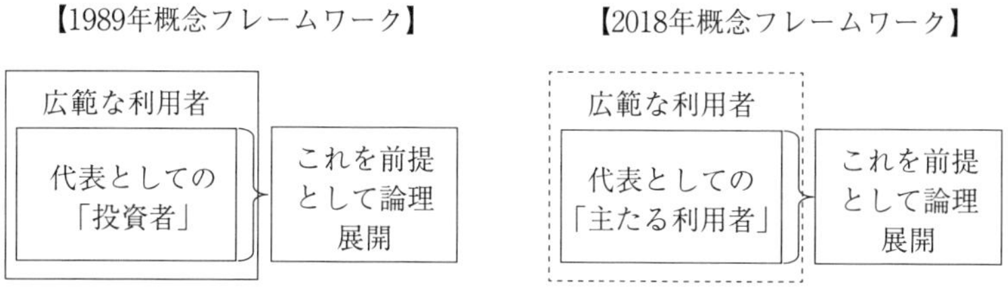

【1989年概念フレームワーク】　　　【2018年概念フレームワーク】

広範な利用者 代表としての 「投資者」	これを前提 として論理 展開	広範な利用者 代表としての 「主たる利用者」	これを前提 として論理 展開

(4) 投資者の意思決定目的

上記の将来キャッシュ・フロー予測目的に関して、例えば、この主要な利用者の一人である「投資者の意思決定と情報ニーズとの関係」を見てみれば、図1-5のように、投資者は、資本性及び負債性金融商品の売買や保有に関する意思決定を行う。この意思決定は、当該金融商品への投資から彼らが期待する、例えば、配当、元利支払いや市場価格の上昇等のリターンによって左右される。そして、このリターンに関する期待は、企業への将来の正味キャッシュ・インフローの金額・時期・不確実性によって左右される（par.1.3）。それゆえ、彼らは、企業への将来の正味キャッシュ・インフローの見通しを評価するのに役立つ情報を必要としている。そして、この企業への将来の正味キャッシュ・インフローの見通しを評価するのに役立つ有用な情報を提供するのが、財務報告の主要な目的の一つである。

図1-5 投資者の意思決定と情報ニーズとの関係

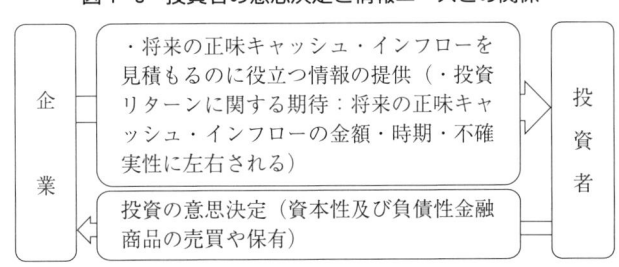

(5) IASBの財務報告の理想像

「IASBの財務報告の理想像」に関して、図1-6のように、かなりの部分について、財務報告書は正確な描写ではなく、見積り、判断及びモデルに基づいている。本概念フレームワークは、そうした見積り、判断及びモデルの基礎となる概念を定めている。その概念はIASB及び財務報告書の作成者の努力目標である。目標の大半がそうであるように、本概念フレームワークの財務報告に関する理想像は、少なくとも短期的には、完全に達成できそうにない。取引その他の事象の新しい分析方法を理解し、受け入れ、適用するには、相当の期間

第1章　一般目的財務報告の目的

を要するからである。しかし，財務報告がその有用性を向上させるように発展すべきだとすれば，努力すべき目標を示すことは不可欠である（par.1.11）としている。

図1-6　従来の財務報告とIASBの財務報告の理想像

【従来の財務報告】		【IASBの財務報告の理想像】	
・出来るだけ正確な取引の描写 ・実際の取引 ・有用性・目的適合性 ・信頼性・客観性 ・過去・将来志向的	利用者	・正確な描写ではない経済現象の反映 ・実際の取引不要 ・見積・判断・モデル ・有用性・目的適合性 ・忠実な表現 ・将来志向的	利用者

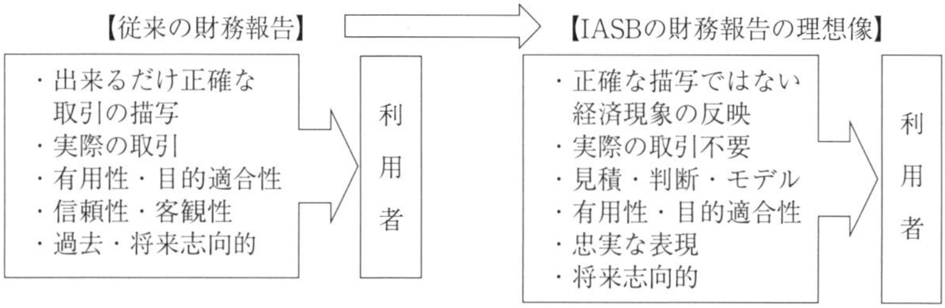

このように，IASBの財務報告の理想像は，従来の信頼性を重視し，過去の実際に行われた取引を歴史的原価で測定・表示するような過去志向的な会計ではなく，信頼性を犠牲[13]にしても，有用性・目的適合性をより重視し，将来のキャッシュ・フローを見積り，計上・表示するような将来志向的な会計である。

(6)　企業価値の評価
①　概念フレームワーク上の企業評価に対する立場

「財務報告と企業価値評価との関連」に関して，IASBの基本的立場として，図1-7のように，財務報告書は，直接的に企業価値（value of an entity：VOE）を示すように設計されていないが，利用者が企業価値を見積もるのに役立つ情報を提供する（par.1.7）として，財務諸表を中心とする財務報告書は，当該企業の企業価値を直接的に示すものではなく，利用者が，企業によって提供される財務情報を用いて企業価値を評価する主体であることを明確化している。

図1-7 企業価値の評価

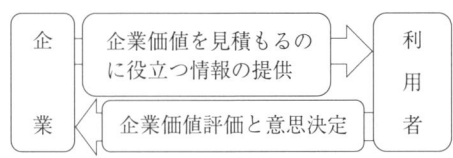

　新しい概念フレームワークでは，財務情報の利用者に企業価値評価を行うための財務情報を提供することをその意思決定目的の一つとしている。そして，投資者が投資を行う際に，一般に投資者は，自己の責任において企業から提供された会計数値を用いて事前に企業価値を評価する。
　なお，表1-7のように，企業評価アプローチには，以下のような伝統的なアプローチと新しいアプローチとがある。

表1-7　企業評価のアプローチ

企業評価のアプローチ	①　伝統的アプローチ	過去の利益を基礎とするもの
	②　新しいアプローチ	資産負債の時価評価によるもの

②　企業評価の伝統的なアプローチ

「企業価値評価の伝統的なアプローチ」は，図1-8のように，インカム・アプローチに属する割引キャッシュ・フローモデル（discounted cash flow model：DCFM），配当割引モデル（dividend discount model：DDM）やオールソン・モデル（Ohlson model：OM）等により，現在までの過去の利益をベースとして将来の利益を見積り，それを基礎として将来のキャッシュ・フローを見積り，さらにそこから現在の企業価値（株主価値＝株価）を推定しようとするものである[14]。

図1-8　企業価値評価の伝統的なアプローチ

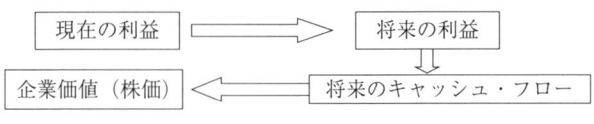

（出所）　大日方[2002]379頁。

第1章　一般目的財務報告の目的

　このうち割引キャッシュ・フローモデルや配当割引モデルでは，企業の将来における期待配当（ないしキャッシュ・フロー）の流列の割引現在価値によって企業価値が評価される。この際，会計上の利益は，図1-8のように，①現在の利益と将来の利益，②将来の利益と将来の配当（ないしキャッシュ・フロー），③将来の配当（ないしキャッシュ・フロー）と現在の企業価値（ないし株価），という三つの関連性を通して，企業価値評価に間接的に役立っている。他方，オールソン・モデルでは，企業価値は，その企業の純資産簿価と期待超過利益の流列の割引現在価値（すなわちのれん）［企業価値＝純資産簿価＋割引期待将来利益］によって計算される。それゆえ，会計上の利益は，主として現在の利益と将来の利益を通じて企業価値評価に間接的に役立っている。このように，利益情報が意味を持つのは，資産負債の差額として計算される包括利益ではなく，将来の期待キャッシュ・フローの予測と結びつく実質的なキャッシュ・フローとしての実現利益である[15]。

③　企業評価に関する新しいアプローチ

　「企業価値評価の新しいアプローチ」では，図1-9のように，貸借対照表そのものの情報価値を重視し，時価純資産法により，株主価値としての企業価値を直接的に推定しようとするものと考えられる[16]。

図1-9　企業価値評価の新しいアプローチ

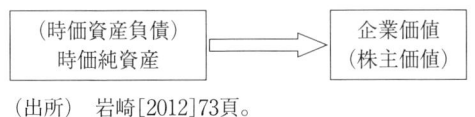

（出所）　岩崎［2012］73頁。

　新しい概念フレームワークでは，前述のように，財務報告の役割の一つは，企業価値を見積もるための情報を提供するものであるとしている。この場合，前述のように，企業価値評価の推定についての伝統的なアプローチは，実現利益である純利益という利益情報からそれを間接的に見積もろうとするものである。他方，新しいアプローチでは，貸借対照表上の資産負債を公正価値測定（時価評価）し，この貸借対照表から企業価値を直接的に推定しようとするも

のである,とされている。前者については,これまで長い間,その有用性・有効性が認められてきている。しかし,後者については,次のような欠点があり,その有効性について疑問視されている。

すなわち,図1-10のように,「簿価純資産法」が貸借対照表計上の項目を原価で評価し,それゆえ簿価純資産の金額を示すのに対して,「時価純資産法」では,貸借対照表に計上されている資産負債項目が時価(公正価値等)評価され,時価純資産の金額を示すこととなるので,簿価純資産法よりも,企業価値に近い数値となっている可能性がある,と考えられる。しかし,依然としてその企業の超過収益力を示す無形資産としての「のれん[17]」が計上されていない,という欠点がある。すなわち,時価純資産は,一般に「非継続企業としての企業」の清算価値を評価するための財務情報としては有用であるが,のれんの金額が含まれていないので,「継続企業としての企業」の評価には有用ではない,と一般に考えられている[18]。

図1-10 三つの純資産額(株主価値)と株価

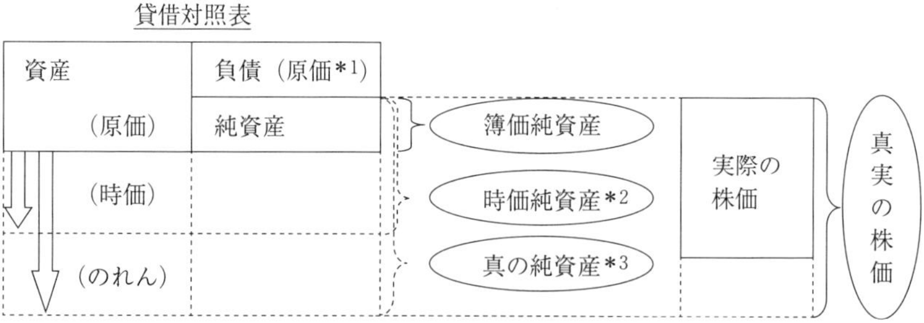

貸借対照表

資産	負債(原価*1)			
(原価)	純資産	簿価純資産	実際の株価	真実の株価
(時価)		時価純資産*2		
(のれん)		真の純資産*3		

*1 　前提:原価=時価
*2 　時価純資産は,企業の清算価値を評価するための財務情報としては有用である。しかし,のれんの金額が含まれていないので,継続企業としての企業評価には役立たない。
*3 　時価評価額にのれんを加えた金額は継続企業としての企業評価に役立つ。
(出所)　岩崎[2012]78頁。

❸ 経済的資源，請求権及びそれらの変動に関する情報

(1) 報告企業の経済的資源等に関する情報

「財政状態計算書の表示内容」に関して，表1-8のように，財務報告書は，報告企業の財政状態（financial position：FP）に関する情報，すなわち企業の経済的資源（economic resources：ER）及び企業に対する請求権（claims）に関する情報を提供する。と同時に，企業の経済的資源及び請求権を変動させる取引その他の事象の影響に関する情報も提供する。これらの両方の情報は，利用者がその企業への資源提供に関する意思決定を行うために有用な情報を提供する（par.1.12）として，資産負債アプローチに基づいて，財政状態計算書（貸借対照表）の構成要素である経済的資源（資産）と請求権（負債・持分）を中心とした財務情報の提供を規定している。

表1-8　財務諸表の表示内容

内　　容	構成要素	表示内容	財　務　諸　表
経済的資源	資産	財政状態	財政状態計算書[*1]
請求権	負債		
	持分		
財務業績により反映される経済的資源と請求権の変動	収益	財務業績	財務業績の計算書[*2]
	費用		

*1：従来，貸借対照表と呼ばれていた。
*2：具体的には，損益計算書や包括利益計算書のこと。なお，この作成方式には，一計算書方式と二計算書方式がある。
（出所）　IASB[2018a]par.4.2を参照して著者作成。

(2) 経済的資源及び請求権

「財政状態計算書による表示内容」に関して，表1-9のように，財政状態計算書（statement of financial position）によって示される報告企業の財政状態（financial position：FP）に関する情報である経済的資源（資産）及び請求権（負

債・持分)の内容及び金額に関する情報は，その企業の財務上の強み・弱みを利用者が識別するのに役立つ。また，当該情報は，その企業の流動性及び支払能力，追加的な資金調達の必要性，その資金調達に成功する可能性はどの位なのかを利用者が評価するのに役立つ。そして，当該情報はまた，利用者が報告企業の経済的資源に係る経営者の受託責任を評価することにも役立つ可能性がある。他方，現在の請求権の優先順位と支払要求に関する情報は，将来のキャッシュ・フローが報告企業に対する請求権を有する者の間でどのように分配されるのかを利用者が予測するのに役立つ(par.1.13)として，経済的資源(資産)及び請求権(負債・持分)の内容・金額に関する情報が，財務上の強み・弱みの評価や企業の流動性及び支払能力，追加的な資金調達の必要性及びその資金調達に成功する可能性の評価のために有用であることを示している。

表1-9　財政状態計算書の表示内容

| 財政状態計算書 | 財政状態 | 【経済的資源(資産)及び請求権(負債・持分)の内容・金額に関する情報】
① 財務上の強み・弱みの評価
② 企業の流動性及び支払能力，追加的な資金調達の必要性及びその資金調達に成功する可能性の評価
③ 報告企業の経済的資源に係る経営者の受託責任の評価 |
| | | 【現在の請求権の優先順位と支払要求に関する情報】
将来のキャッシュ・フローが報告企業に対する請求権を有する者の間でどのように分配されるのかについての予測 |

「異なる種類の経済的資源の将来キャッシュ・フローの見通し」に関して，異なる種類の経済的資源は，将来キャッシュ・フローに関する報告企業の見通しについての利用者の評価への影響が異なる。将来キャッシュ・フローの一部は，現在の経済的資源(売掛金など)から直接に生じる。他方，いくつかの資源を組み合わせて使用して，顧客への財又はサービスを製造し販売することにより生じるキャッシュ・フローもある。それらのキャッシュ・フローは個々の経済的資源(または請求権)と結び付けることができないが，財務報告書の利用者は，報告企業の営業活動に使用できる資源の内容及び金額を知る必要がある(par.1.14)として，資産から将来キャッシュ・フローが直接生じるものと，

そうでないものとでは，利用者の評価への影響が異なることを示している。

(3) 経済的資源及び請求権の変動

「経済的資源及び請求権の変動」に関して，図1-11のように，報告企業の経済的資源及び請求権の変動の一部（収益や費用）は，財務業績（financial performance：FP）から生じ，それらの他の変動は，負債性又は資本性金融商品の発行等の他の事象又は取引から生じる。報告企業への将来の正味キャッシュ・インフローの見通し及び企業の経済的資源に係る経営者の受託責任の両方を適切に評価するには，利用者がこのような2種類の変動を識別できることが必要である。

このうち前者の報告企業の「財務業績に関する情報」は，企業が自らの経済的資源を利用して生み出したリターンを利用者が理解するのに役立つ。また，企業が生み出したリターンに関する情報は，利用者が報告企業の経済的資源に係る経営者の受託責任を評価するのにも役立つ可能性がある。そのリターンの変動性と内訳に関する情報も，特に，将来キャッシュ・フローの不確実性を評価する際に有用である。報告企業の過去の財務業績，及び経営者がどのように受託責任を果たしたのかに関する情報は，通常，企業の経済的資源に対する将来のリターンを予測するのに役立つ（pars. 1.15-1.16）としている。

図1-11 経済的資源及び請求権の変動

経済的資源及び請求権の変動				
	(1) 財務業績	・収益及び費用 ・経済的資源を利用して生み出したリターンについての理解 ・経済的資源に係る経営者の受託責任の評価 ・将来キャッシュ・フローの不確実性の評価 ・経済的資源に対する将来のリターンの予測等	識別と利用	【情報の利用】 ・将来キャッシュ・フローの見積り ・経営者の受託責任の評価
	(2) その他の事象等	・持分請求権の保有者からの拠出及び持分請求権の保有者への分配 ・持分の増加又は減少を生じさせない資産又は負債の交換等		

なお，財務業績には，後述のように，財務業績の計算書（statement of financial performance）（ないし包括利益計算書等）によって計算表示される発生主義会計による財務業績と，キャッシュ・フロー計算書（statement of cash flows）上で計算表示される過去のキャッシュ・フローによる財務業績があるが，前者が基本的なものであり，後者は，これを補足するものである。両者を正しく評価することによって，より適切な財務業績の評価が行える。

(4) 発生主義会計により反映される財務業績

表1-10及び図1-12のように，企業の「財務業績の計算表示」についての考え方に関して，本来の損益計算という観点から発生主義会計（accrual accounting：AA）は，取引その他の事象及び状況が報告企業の経済的資源や請求権に与える影響を，たとえそれによる現金の受払いが異なる期間に発生するとしても，それらの影響が発生する期間に描写する。これが重要である理由は，報告企業の経済的資源及び請求権並びにその経済的資源及び請求権の変動に関する情報の方が，当該期間の現金の収入及び現金支払いのみに関する情報よりも，企業の過去及び将来の業績を評価するためのよりよい基礎を提供できるからである。

表1-10　二つの方法による財務業績の表示

財務業績の表示	(1) 発生主義会計	基本	・経済価値の増減時に収益費用を計上する会計 ・過去や将来の業績のよりよい評価基礎 ・現金主義会計に対比されるもの ・従来のわが国の制度的な発生主義会計とは異なるもの
	(2) 過去のキャッシュ・フロー	補足	・将来の正味キャッシュ・インフローの評価 ・営業活動や財務・投資活動の評価 ・流動性や支払能力の評価 ・財務業績の質の評価

ある期間中の報告企業の財務業績に関する情報は，投資者及び融資者から追加的な資源を直接入手すること以外による経済的資源及び請求権の変動により反映されるものであるが，企業が正味キャッシュ・インフローを生み出す過去

及び将来の能力を評価する際に有用である。当該情報は，報告企業が利用可能な経済的資源をどの程度増加させたのかを示すものであり，営業活動を通じて（投資者及び債権者から追加的な資源を直接入手することによってではなく）正味キャッシュ・インフローを生み出す能力を示す。ある期間中の報告企業の財務業績に関する情報は，利用者が報告企業の経済的資源に係る経営者の受託責任を評価することにも役立つ可能性がある。

ある期間中の報告企業の財務業績に関する情報はまた，市場価格や金利の変動などの事象が，企業の経済的資源及び請求権をどの程度増減させ，それにより企業が正味キャッシュ・インフローを生み出す能力に影響を与えたかを示すこともある（pars. 1.17-1.19）としている。

なお，ここでの発生主義会計は，あくまでも現金主義会計と対比した場合のそれであり，わが国で伝統的に使用されている制度的な発生主義会計[19]とは異なるので注意が必要である。

図1-12　発生主義会計による財務業績

現金主義会計による財務業績	⇔	発生主義会計による財務業績	・取引その他の事象及び状況が報告企業の経済的資源や請求権に与える影響を，それらの影響が発生する期間に描写するもの 【報告企業の経済的資源及び請求権並びにそれらの変動に関する情報：財務業績に関する情報】 ・企業の過去及び将来の業績を評価するためのよりよい基礎の提供 ・正味キャッシュ・インフローを生み出す過去及び将来の能力の評価に有用 ・利用可能な経済的資源をどの程度増加させたのかを示すもの ・正味キャッシュ・インフローを生み出す能力を示すもの ・経済的資源に係る経営者の受託責任を評価することにも役立つ ・市場価格や金利の変動などの事象が，企業の経済的資源及び請求権をどの程度増減させ，それにより企業が正味キャッシュ・インフローを生み出す能力に影響を与えたかを示すもの

(5) 過去のキャッシュ・フローにより反映される財務業績

① 過去のキャッシュ・フローにより反映される財務業績

財務業績は，前述の本来の損益計算という観点からの発生主義会計によるも

のの他に,過去のキャッシュ・フロー (past cash flows) との関係でキャッシュ・フローの観点からもこれを見ることができる。

すなわち,表1-11のように,ある期間中の報告企業の過去のキャッシュ・フローに関する情報はまた,企業が将来の正味キャッシュ・インフローを生み出す能力及び企業の経済的資源に係る経営者の受託責任を利用者が評価することにも役立つ。その情報は,報告企業がどのように資金を獲得し支出しているのかを示すものであり,これには,負債の借入れ及び返済,投資者に対する現金配当又はその他の現金分配,並びに企業の流動性又は支払能力に影響を与える可能性のあるその他の要因に関する情報が含まれる。キャッシュ・フローに関する情報は,利用者が報告企業の営業活動を理解したり,その財務及び投資活動を評価したり,その流動性又は支払能力を検討したり,財務業績に関するその他の情報を解釈するのに役立つ (par.1.20) としている。ただし,前述のように,主要な財務業績は,基本的に発生主義会計により計算されるものである。そして,キャッシュ・フローによるものは,補足的なものであり,利益の質の評価等で利用されるものであることに注意が必要である。

表1-11 過去のキャッシュ・フローにより反映される財務業績

	主な評価対象	内容
過去のキャッシュ・フローにより反映される財務業績	① 企業が将来の正味キャッシュ・インフローを生み出す能力 ② 企業の資源に係る経営者の受託責任	・どのように資金を獲得し支出しているのかを示すもの ・報告企業の営業活動の理解 ・その財務及び投資活動の評価 ・その流動性又は支払能力の検討 ・財務業績に関するその他の情報の解釈等

② 二つのキャッシュ・フロー

会計上は,「キャッシュ・フロー」に関して,図1-13のように,過去のキャッシュ・フローと将来のキャッシュ・フローという二つのものがあり,両者を明確に区別しなければならない。前者の過去のキャッシュ・フローは,例えば,キャッシュ・フロー計算書等で用いる実績値としてのキャッシュ・フ

ローであり,他方,後者の将来のキャッシュ・フローは,例えば,資産の現在価額の計算等で使用する予測値としてのキャッシュ・フローである。

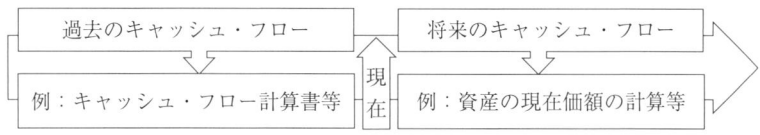

図1-13 二つのキャッシュ・フロー

(6) 財務業績から生じたものではない経済的資源及び請求権の変動

「財務業績から生じたものではない経済的資源及び請求権の変動」に関して,表1-12のように,報告企業の経済的資源及び請求権はまた,負債又は持分証券の発行などの財務業績以外の理由によっても変動することがある。この種の変動に関する情報は,報告企業の経済的資源及び請求権がなぜ変動したのか,また,それらの変動が将来の財務業績に及ぼす影響を,利用者に十分に理解させるために必要である(par.1.21)としている。

表1-12 財務業績から生じたものとそうでない経済的資源及び請求権の変動

	分 類	情 報 の 内 容
経済的資源及び請求権の変動	① 財務業績から生じたもの	・売上による資産の増加等 ・費用の発生による資産の減少等
	② 財務業績以外から生じたもの	・資金の借入や返済 ・新株の発行等 ・経済的資源及び請求権の変動理由 ・それらの変動の将来の財務業績への影響

4 企業の経済的資源の使用に関する情報

経営者による「企業の経済的資源の使用に関する情報」に関して，表1-13のように，報告企業の経営者が，企業の経済的資源を使用する責任をどれだけ効率的かつ効果的に果たしたのかに関する情報は，利用者が企業の資源に係る経営者の受託責任を評価することに役立つ。こうした情報はまた，経営者が将来の期間において企業の経済的資源をどれだけ効率的かつ効果的に使用するのかの予測にも有用である。それゆえ，それは，将来の正味キャッシュ・インフローについての企業の見通しを評価するのに有用であろう（par.1.22）としている。

また，「経営者が企業の経済的資源を使用する責任」に関して，表1-13のように，その例として，企業の資源を価格や技術変化などの経済的要因の不利な影響から保護することや，企業に適用される法律，規則及び契約上の定めを遵守することを確保すること等がある（par.1.23）としている。

表1-13　受託責任の例

	受託責任の例	使用
資源の使用の効率性・有効性に関する情報	・企業の資源を価格や技術変化などの経済的要因の不利な影響から保護すること ・企業に適用される法律，規則及び契約上の定めを遵守すること等	・資源に係る経営者の受託責任の評価 ・将来の期間において企業の資源をどれだけ効率的かつ効果的に使用するのかの予測 ・経営者の行動に投票等で影響を与える権利を有する投資者等による意思決定等

〔注〕
1) なお，2010年概念フレームワークでも，財務会計の目的に関して，既に「財務報告の目的」という表現及び内容になっている。
2) IASB[2018a]par.3.2を参照されたい。
3) 言い換えれば，報告企業の経済的資源，報告企業に対する請求権並びにそれら

の資源及び請求権を変動させる取引その他の事象及び状況に関する情報のことである（par.2.2）。
4) 川西[2018]73頁。
5) 飯野[1983]1-2頁。
6) 新井[1994]489頁。
7) このためには，受託者である経営者は，自己が善良なる管理者としての善管注意義務を受託財産に対して果たしたことを，実際に行われた過去の取引の継続記録を通して，明確にしておく必要がある。この場合，その手段として，複式簿記を組入れた会計制度が利用され，取引に基づく継続記録によって真実性が保証されることとなる。それゆえ，そこで利用される会計情報の性質としては，一般に過去の取引事実を中心とした客観的で信頼性が高いものであることが要求される。
8) この場合の会計情報の特質としては，過去の取引事実を継続記録したもので，公正かつ客観的で信頼性が高いことが一般に要求される。しかも，このような利益は配当や税金に充てられるので，単なる計算上の利益では不十分であり，現金の裏づけのある実現利益であることが，一般に要求されている。
9) 岩崎[2012]63頁。
10) 同上，64頁。
11) 松尾[2011]4頁。
12) 岩崎[2012]72頁。
13) 実際に，新しい概念フレームワークでは，財務情報の質的特性のところで説明しているように，従来基本的質的特性の一つとされていた「信頼性」を削除し，その代わりに「忠実な表現」を導入している。
14) 岩崎[2012]72頁。
15) 辻山[1999]53-54頁，岩崎[2012]72-73頁。
16) 岩崎[2012]73頁。
17) このようなのれんの金額は，投資者自身が自己の責任において見積もらなければならない。
18) 岩崎[2012]77-78頁。
19) 伝統的で制度的な発生主義会計とは，全体的な枠組みとしては，発生主義を採用するが，例外的に資産について基本的に原価主義，収益について基本的に実現主義を採用する原価実現主義を内容とする会計のことである。

第2章 有用な財務情報の質的特性

1 有用な財務情報の質的特性の概要

(1) 有用な財務情報の質的特性の概要

IASBの概念フレームワーク上,第2章「有用な財務情報の質的特性」では,表2-1のような内容を規定している。

表2-1 第2章「有用な財務情報の質的特性」の規定内容

(1) はじめに
(2) 有用な財務情報の質的特性
① 基本的質的特性
(目的適合性,重要性,忠実な表現,基本的質的特性の適用)
② 補強的質的特性
(比較可能性,検証可能生,適時性,理解可能性,補強的質的特性の適用)
(3) 有用な財務報告に対するコスト制約

(出所) IASB[2018a]p.3,番号及び括弧内は著者が挿入。

「有用な財務情報の質的特性」に関する主な内容として,IASBの概念フレームワークでは,財務情報を有用とするために,「基本的質的特性」として目的適合性と忠実な表現を挙げ,また,「補強的質的特性」として比較可能性,検証可能性,適時性と理解可能性を挙げている。そして,これに対する制約として,コスト制約を規定している。この場合,基本的質的特性として,目的適合性と共に,従来1989年で採用されていた客観性や検証可能性を重視した「信頼性」から2010年概念フレームワークにおける見積りや評価等を重視した「忠実な表現」への変更を,本概念フレームワークにおいても同様に維持している。

以下では,これらについて順に解説していくこととする。

(2) 有用な財務情報の質的特性の実質化

前述のように,IASBの概念フレームワーク上最も重要な財務報告の目的が明らかにされたので,次にこの目的を達成するために,財務報告上の有用な情報に関する「質的特性」(qualitative characteristics:QC)が明確にされなければならない。この有用な財務情報に関する質的特性は,有用な財務情報が有しなければならない質的特性や有することが望ましい質的特性を示すものである。

しかも,図2-1のように,この場合の質的特性は,後述のように,IASBの概念フレームワーク上単なる財務情報の質的特性に留まらず,認識規準や測定基礎の選択の際に影響を及ぼすという実質を伴ったものに変容している。

図2-1 IASB概念フレームワーク上の質的特性の実質化

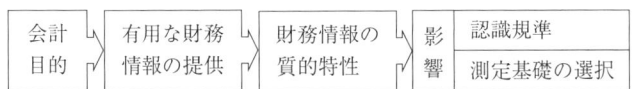

表2-2のように,「有用な財務情報の質的特性」(QC of useful financial information)は,現在及び潜在的な投資者,融資者及び他の債権者が報告企業の財務報告書上の情報(財務情報)に基づいて報告企業に関する意思決定を行う際に,最も有用となる可能性の高い情報を識別するものである。財務報告書にはまた,報告企業の経済的資源,報告企業に対する請求権並びにそれらの資源及び請求権を変動させる取引その他の事象及び状況に関する情報(「経済現象(economic phenomena:EP)に関する情報」)を提供するものである。財務報告書の中には,経営者の報告企業に関する予想及び戦略,並びにその他の種類の将来予測的情報も含まれる(pars.2.1-2.2)。

そして,この有用な財務情報の質的特性は,財務諸表や他の方法で提供される財務情報に適用される。この際,報告企業が有用な財務情報を提供する能力に関する一般的な制約であるコスト(「コスト制約」:cost constraint:CC)が同様に適用される。しかし,質的特性とコストの制約を適用する際の考慮事項は,情報の種類によって異なる場合がある。例えば,将来予測的情報にそれらを適用することは,現存の経済的資源及び請求権並びに当該資源及び請求権の変動

に関する情報にそれらを適用するのとは異なる場合がある（par.2.3）としている。

表 2-2　有用な財務情報の質的特性

摘　　要	内　　　　　容
有用な財務情報の質的特性	報告企業の財務報告書に基づいて意思決定を行う際に，最も有用となる可能性の高い質的な特性のこと
財務報告書	・経済現象を言語と数字で表現したもの ・財務諸表等に関する情報 ・経営者の報告企業に関する予想及び戦略並びにその他の種類の将来予測的情報も含むもの
経済現象に関する情報	報告企業の経済的資源，報告企業に対する請求権並びにそれらの資源及び請求権を変動させる取引その他の事象及び状況に関する情報
コスト制約	・報告企業が有用な財務情報を提供する能力に関する一般的な制約であるコストの適用 ・コストの適用の仕方は情報の種類によって異なること

このような有用な財務情報の質的特性が明示されることによって，財務報告によって提供される財務情報の特性と限界とが明確となる。

❷　有用な財務情報の質的特性

(1)　有用な財務情報の質的特性

この「有用な財務情報の質的特性」に関して，表 2-3 のように，財務情報が有用となるために必ず必要とされる「基本的質的特性」(fundamental QC：FQC) と，できる限りあることが望ましい「補強的質的特性」(enhancing QC：EQC) とがあるとしている。

財務情報が有用となるために，「基本的質的特性」として，それは目的適合的で，かつ表現しようとするものを忠実に表現しなければならない。この場合，その有用性は，財務情報が比較可能で，検証可能で，適時で，理解可能であれば，補強される（「補強的質的特性」）(par.2.4) としている。この際，財務報告

に対する一般的な制約であるコスト（「コスト制約」）も同様に適用される（par.2.3）。

表2-3　有用な財務情報の質的特性

目　標	基本的質的特性	補強的質的特性	一般的制約
財務情報の有用性	目的適合性，忠実な表現	比較可能性，検証可能性，適時性，理解可能性	コスト制約

（出所）　岩崎[2016a]116頁（一部変更）。

しかも，この場合，表2-4のように，IASBは有用性を確保するために，質的特性全体を，後述の「基本的質的特性の適用」のところで示されているように，基本的な考え方としては目的適合性を頂点とする「序列関係」で捉えている。ただし，後述のように，非常に不確実性が高い等の場合には，この基本的質的特性間に「トレード・オフ関係」（trade-off：TO）があることもある（par.2.22）としている。

表2-4　質的特性間の関係

(1) 基本的関係	・序列関係 ・有用な財務情報とするために，目的適合性を頂点とする「序列関係」で捉えていること
(2) 特定のケース	非常に不確実性が高い等の場合には，基本的質的特性間に「トレード・オフ関係」の想定

(2)　概念フレームワークにおける財務報告情報の質的特性の変遷

まず，米国FASBとIASBとの概念フレームワークの改訂に関する共同プロジェクトにおける概念フレームワークにおける財務情報の質的特性を整理すれば，表2-5のとおりである。

表 2-5　概念フレームワークにおける質的特性の比較

1980 年米国SFAC 2	1989 年IASCのCF	2010 年・2018 年IASBのCF
(1) 基本的質的特性： ①目的適合性（予測価値，フィードバック価値，適時性） ②信頼性（検証可能性，表現の忠実性） (2) 副次的質的特性：①中立性，②比較可能性，③理解可能性	(1) 主要な質的特性： ①理解可能性 ②目的適合性（重要性） ③信頼性（忠実な表現，実質優先，中立性，慎重性，完全性） ④比較可能性	(1) 基本的質的特性： ①目的適合性（予測価値，確認価値，重要性*） ②忠実な表現（完全性，中立性，無誤謬性） (2) 補強的質的特性： ①比較可能性，②検証可能性，③適時性，④理解可能性
(2) 制約：①重要性（識閾），②コスト・ベネフィット	(2) 制約：①適時性，②コスト・ベネフィット，③質的特性間の均衡	(2) 制約：①コスト・ベネフィット

(注)　SFAC：財務会計概念書，CF：概念フレームワーク，IASC：国際会計基準委員会，IASB：国際会計基準審議会。
＊：新概念フレームワークでは，重要性は，目的適合性と意味するところがほぼ同じであると考えられるので，目的適合性との関係でのみ説明されるべきであるとされた。
(出所)　FASB[1980]，IASC[1989a]，IASB[2010][2018a]を参照して著者作成。

次に，2010年及び2018年の概念フレームワークにおける質的特性の内容を検討してみると，そこにおいては，表 2-5のように，基本的質的特性と補強的質的特性とに分けられており，前者の「基本的質的特性」とは，財務情報が有用であるために，必ず具備すべき基本的なものすなわち「絶対的要件」としての質的特性であり，有用な財務情報を特徴づける重要な質的特性である。より具体的な内容として目的適合性と忠実な表現を考えている[1]。これに対して，「補強的質的特性」は，非常に望まれるものの，必ずしもこれを具備すべき必要のないものすなわち「相対的要件」としての質的特性であり，基本的質的特性より1段階低い位置づけとなっている。より具体的な内容として，比較可能性，検証可能性，適時性及び理解可能性を考えている[2]。

ここで特に信頼性との関連で重要な変更は，IASBと共同プロジェクトを行った米国FASBの公表したSFAC第2号（SFAC 2）と新しい概念フレーム

ワークとの差異であり，図2-2のように，基本的質的特性の内容及び位置づけに関して，「信頼性」が新概念フレームワークでは忠実な表現へと変更され，「忠実な表現」は従来の基本的質的特性である信頼性の1構成要素の地位から基本的質的特性へと格上げされている。同時に，「検証可能性」が従来の基本的質的特性である信頼性の1構成要素の地位から補強的質的特性へ格下げされている。なお，従来からいわれている目的適合性と信頼性との間のトレード・オフ関係に加えて，信頼性を構成する忠実な表現と検証可能性とは，必ずしも常に一致して働くわけではなく，場合により両者がトレード・オフ関係となることがある[3]。

図2-2 信頼性の構成要素としての忠実な表現と検証可能性の変更

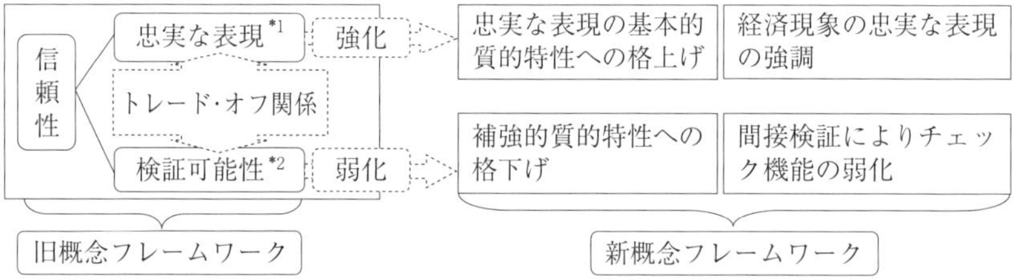

旧概念フレームワーク		新概念フレームワーク	
信頼性	忠実な表現*1 強化	忠実な表現の基本的質的特性への格上げ	経済現象の忠実な表現の強調
	トレード・オフ関係		
	検証可能性*2 弱化	補強的質的特性への格下げ	間接検証によりチェック機能の弱化

*1：公正価値会計と親和的　　*2：取得原価主義会計と親和的
(出所)　岩崎[2011b]31頁（一部変更）。

❸ 基本的質的特性

(1) 基本的質的特性

表2-6のように，財務情報が有用となるために必ず有しなければならない「基本的質的特性」には，「目的適合性」と「忠実な表現」がある（par.2.5）。

表2-6 基本的質的特性

摘　要	基本的質的特性	構　成　要　素
基本的質的特性	目的適合性	予測価値，確認価値又はその両方
	忠実な表現	完全性，中立性及び無誤謬性

なお,これを従来の1989年概念フレームワークと比較した場合には,表2-7のように,従来の概念フレームワークでは,「並列列挙法」によって,基本的質的特性として目的適合性,信頼性,理解可能性及び比較可能性の四つが並列的に規定されており,2010年や2018年概念フレームワークでは,基本的質的特性として目的適合性と(信頼性に代わって)忠実な表現のみが規定され,そして,理解可能性と比較可能性についてはより低い位置づけである補強的質的特性とされている。このように,ここでは,「階層構造法」によって規定している。

表2-7 基本的質的特性

CF	1989年概念フレームワーク	2018年概念フレームワーク
表　示　法	並列列挙法	階層構造法
基本的質的特性	目的適合性,信頼性,理解可能性及び比較可能性	目的適合性及び忠実な表現

(注) CF:概念フレームワーク。

(2) 目的適合性

IASBは,有用な財務情報を提供するための基本的な質的特性のうち序列関係において基本的に「目的適合性」(relevance)を最も重要なものと考えている。

ここに「目的適合性のある財務情報」とは,表2-8のように,利用者が行う意思決定に相違を生み出すことのできる情報のことである。情報は,一部の利用者が利用しないことを選択する場合や,すでに他の情報源から知っている場合であっても,意思決定に相違を生み出すことができる場合がある。そして,財務情報は,予測価値,確認価値又はその両方を有する場合には,意思決定に相違をもたらすことができる(pars.2.6-2.7)としている。

表 2-8　目的適合性

摘　要		内　　　容
目的適合性		・意思決定に相違を生み出すことのできる情報のこと 【構成要素】予測価値・確認価値
	予測価値	将来の結果を予測するために用いるプロセスへのインプットとしてその情報を使用できるもの
	確認価値	過去の評価を確認するか，これを変更することができるというフィードバックを提供できるもの
予測価値と確認価値の関係		相互に関連しており，予測価値がある情報は，確認価値もあることが多いこと

　ここに「予測価値」(predictive value：PV) とは，利用者が将来の結果を予測するために用いるプロセスへのインプットとしてその情報を使用できるものである。財務情報が予測価値を有するためには，予測や見込みである必要はない。予測価値のある財務情報は，利用者が自らの予測を行う際に使用される。また「確認価値」(confirmatory value：CV) とは，過去の評価を確認するか，これを変更することができるというフィードバックを提供できるものある (pars. 2.8-2.9)。

　財務情報の「予測価値と確認価値の関係」に関して，図 2-3 のように，両者は相互に関連している。すなわち，予測価値がある情報は，確認価値もあることが多い。例えば，当年度に関する収益の情報は，将来年度の収益を予測するための基礎として利用できるが，過去の年度に行った当年度についての収益予測と比較することもできる。そうした比較の結果は，それらの過去の予測に使用されたプロセスを利用者が修正し改善するのに役立つ (par. 2.10) としている。

第2章 有用な財務情報の質的特性

図2-3 予測価値と確認価値の関係

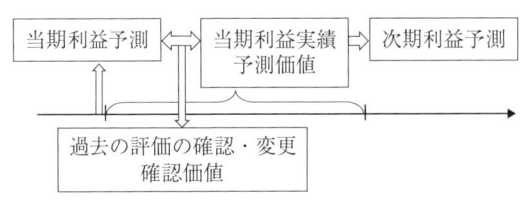

なお，確認価値は，一般に実現利益等の実績値であることが要求され，単なる時価の変動による利益は基本的にこれに含まない。伝統的には，当期純利益がこの役割を果たしてきている。前述のように，企業価値評価において，伝統的に一般にこの当期純利益が最も重要なものとされて来ている。

また，「目的適合性と重要性の関係」に関して，表2-9のように，IASBは，意思決定との関連において重要性を規定している。

すなわち，情報は，その脱漏や誤表示により，特定の報告企業に関する財務情報を提供する財務報告書に基づいて主要な利用者が行う意思決定に影響する可能性がある場合には，「重要性」(materiality) がある。言い換えれば，重要性は目的適合性の企業固有の一側面であり，個々の企業の財務報告書の文脈においてその情報が関連する項目の性質若しくは大きさ（又はその両方）に基づくものである。したがって，IASBは，重要性についての統一的な量的閾値(いきち)を明示することや，特定の状況において何が重要なものとなり得るかを前もって決定することはできない（par.2.11）としている。

表2-9 重　要　性

摘　要	内　　　　　　容
(1) 意義	その脱漏や誤表示により，特定の報告企業に関する財務情報に基づいて主要な利用者が行う意思決定に影響する可能性がある場合
(2) 側面	・目的適合性の企業固有の一側面 ・個々の企業の財務報告書の文脈においてその情報が関連する項目の性質若しくは大きさ（又はその両方）に基づくもの
(3) IASBの立場	重要性についての統一的な量的閾値を明示することや，特定の状況において何が重要なものとなり得るかを前もって決定することはできないこと

(3) 忠実な表現
① 忠実な表現の構成要素

基本的な質的特性として目的適合性と共に要求される「忠実な表現の意義と内容」に関して,「忠実な表現」(faithful representation：FR) とは,表2-10のように,財務情報は,表現しようとしている現象を忠実に表現しなければならないという性質のことである。そして,忠実な表現であるためには,次のように,情報は「完全」(complete) で,「中立的」(neutral) で,「誤謬がない」(free from error：FFE) という性質を有しなければならない (par.2.13) としている。

ここに「完全な描写」(complete depiction：CD) とは,描写しようとしている現象を利用者が理解するのに必要なすべての情報を含んでいることである。

もちろん,完全というものは,仮に達成可能だとしても稀である。IASBの目的は,それらの特性を可能な範囲で最大化することである。完全な描写は,描写しようとする現象を利用者が理解するのに必要なすべての情報を含んでいる。例えば,ある資産グループの完全な描写は,最低限,当該グループの資産の内容の記述,当該グループの資産のすべての数値的描写,及び数値的描写が何を表しているか（例えば,歴史的原価又は公正価値）の記述を含むことになる。一部の項目については,完全な描写には,当該項目の特質及び内容に関する重要な事実,それらの特質及び内容に影響を与える可能性のある要因及び状況,並びに数値的描写を決定するに使用したプロセスなどが含まれることもある (par.2.13-2.14) としている。

表2-10　忠実な表現

摘　要		内　　　　　　容
忠実な表現		・表現しようとしている現象を忠実に表現すること 【構成要素】完全性・中立性・無誤謬性
	完全性	描写しようとしている現象を利用者が理解するのに必要なすべての情報を含んでいること
	中立性	財務情報の選択や表示に偏りがないこと
	無誤謬性	その現象の記述に誤謬や脱漏がなく,報告された情報を作成するのに用いられたプロセスが,そのプロセスにおける誤謬なしに選択され,適用されていること

また,「中立的な描写」(neutral depiction:ND)とは,財務情報の選択や表示に偏りがないことである。これは,財務情報が利用者に有利又は不利に受け入れられる確率を増大させるための,歪曲,ウエイトづけ,強調,軽視,その他の操作が行われていないことである。ただし,中立的な情報とは,その情報に目的がないことや行動に影響しないことを意味しない。その反対に,目的適合性のある財務情報は,定義上,利用者の意思決定に相違を生み出すことができる (par.2.15) としている。

そして,「誤謬がない」(free from error:FFE)とは,その現象の記述に誤謬や脱漏がなく,報告された情報を作成するのに用いられたプロセスが,そのプロセスにおける誤謬なしに選択され,適用されたことを意味する。この文脈においては,誤謬がないことはすべての点で完全に正確であることを意味しない。例えば,観察不能な価格又は価値の見積りは正確であるとも不正確であるとも判断できない。しかし,その見積りの表現は,その金額が見積りであるものとして明確かつ正確に記述され,その見積りのプロセスの内容と限界が説明され,その見積りを作成するための適切なプロセスの選択と適用の際に誤謬が生じていない場合には,忠実な表現となり得る (par.2.18) としている。

② 実質優先

概念フレームワーク上「実質優先」(substance over form:SOF)に関して,表2-11のように,財務報告書は,経済現象を言語と数字で表現するものである。有用であるためには,財務情報は,目的適合性のある現象を表現するだけでなく,表現しようとしている現象の実質を忠実に表現しなければならない。多くの場合,経済現象の実質とその法的形式は同じである。もしそれらが同じでない場合には,法的形式に関する情報のみの提供は,経済現象を忠実に表現しているものとはならないであろう (par.2.12) として,忠実な表現のためには,法的形式よりも経済的実質を優先するという「実質優先」の考え方を適用しなければならないことを明確化している。ただし,そこでは実質優先という用語は用いられていない。

表2-11 忠実な表現と実質優先

忠実な表現	・表現しようとしている現象を忠実に表現すること ・忠実な表現のために実質優先の適用
実質優先	・法的形式よりも経済的実質を優先するという考え方

③ 慎重性と中立性

「慎重性と中立性の関係」について，表2-12のように，中立性は，慎重性の行使によって支えられる。ここで「慎重性」（prudence）とは，不確実性の状況下で判断を行う際に警戒心を行使することである。慎重性の行使は，資産及び収益を過大表示せず，負債及び費用を過小表示しないことを意味する。同様に，慎重性の行使は，資産又は収益の過小表示や負債又は費用の過大表示を認めるものではない。そのような誤表示は，将来の期間における収益又は費用の過大表示又は過小表示につながる可能性があるからである（par.2.16）として，慎重性を，中立性を支えるものとして位置づけている。この場合，「慎重性」とは，不確実性の状況下で判断を行う際の警戒心の行使であり，また「慎重性の行使」は，資産及び収益を過大表示せず，負債及び費用を過小表示しないことを意味するとしている。

表2-12 慎重性と中立性

摘　　要	内　　　　　容
中立性と慎重性の関係	中立性は慎重性の行使によって支えられていること
慎　重　性	不確実性の状況下で判断を行う際の警戒心の行使
慎重性の行使	・資産及び収益を過大表示せず，負債及び費用を過小表示しないこと ・資産又は収益の過小表示や負債又は費用の過大表示を認めるものではないこと ・その理由は，将来の期間における収益又は費用の過大表示又は過小表示につながる可能性があるので

(4) 基本的質的特性の適用

「基本的質的特性の適用」に関して，前述のように，情報は，それが有用で

第2章 有用な財務情報の質的特性

あるためには,目的適合性があり,かつ忠実に表現されていなければならない,という基本的質的特性を有しなければならない。この場合,このような基本的質的特性を適用するための最も効率的で効果的なプロセスは,通常次のようになる。

表2-13のように,最初に,報告企業の財務情報の利用者に有用(useful)となる可能性のある経済現象を識別する。第2に,その現象に関する情報のうち,最も目的適合性の高い(relevant)種類の情報を識別する。第3に,その情報が利用可能で,経済現象を忠実に表現できるかどうかを判断する。そして,もしそうであれば,基本的な質的特性を充足するプロセスはそこで終了する。そうでない場合には,その次に最も目的適合性の高い種類の情報でそのプロセスを繰り返す(pars.2.20-2.21)というものである。

表2-13　基本的質的特性の適用

①	財務情報の利用者に「有用」となる可能性のある経済現象の識別
②	最も「目的適合性」の高い情報の識別
③	その情報が利用可能で「忠実に表現」できるかどうかの判断
④	⑦もしそうであれば,基本的な質的特性を充足するプロセスの終了 ④そうでない場合には,その次に最も目的適合性の高い種類の情報でそのプロセスの繰り返し

このように,基本的質的特性の適用において,IASBは,図2-4のように,まず情報が「有用」である可能性のある情報,次に最も「目的適合性」の高い情報,さらに「忠実な表現」ができる情報という順序を明確に示している。

図2-4　基本的質的特性の適用における優先順位

有用性 ＞ 目的適合性 ＞ 忠実な表現

(5) 基本的質的特性間のトレード・オフ関係

「基本的質的特性間におけるトレード・オフ関係」に関して,図2-5のように,ある場合には,経済現象についての有用な情報を提供するという財務報告

の目的を達成するために，基本的質的特性間においてトレード・オフ関係がなければならないであろうとしている。

図2-5 基本的質的特性間のトレード・オフ関係

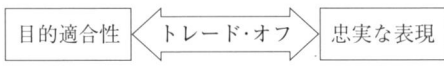

このような「トレード・オフ関係の具体例」として，図2-6のように，例えば，ある経済事象についての最も目的適合性のある情報が，非常に不確実性の高い見積りの場合である。

図2-6 基本的質的特性間のトレード・オフ関係

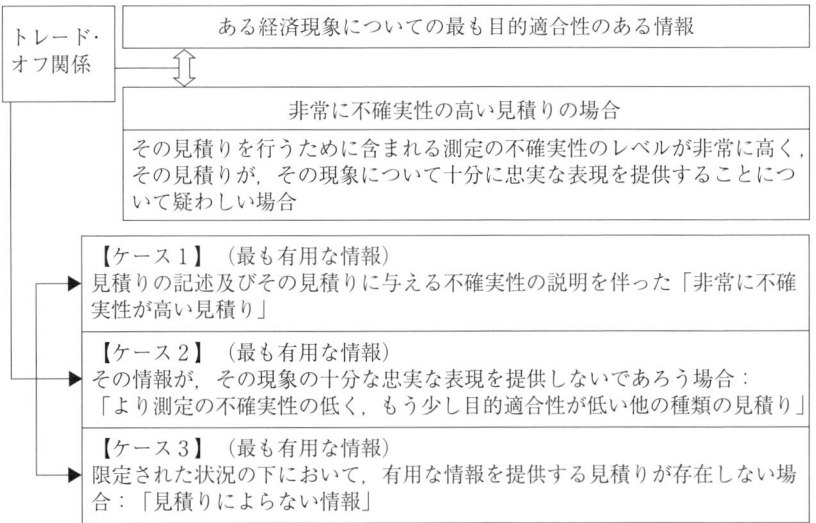

その見積りを行うために含まれる測定の不確実性のレベルが非常に高く，その見積りが，その現象について十分に忠実な表現を提供することについて疑わしい場合である。そのようなケースのあるもの（①）は，最も有用な情報は，見積りの記述及びその見積りに与える不確実性の説明を伴う，非常に不確実性が高い見積りであろう。そのケースの他のもの（②）は，その情報が，その現

象の十分な忠実な表現を提供しないであろう場合には,最も有用な情報は,より測定の不確実性の低く,もう少し目的適合性が低い他の種類の見積りを含むであろう。限定された状況の下においては,有用な情報を提供する見積りは存在しないであろう。このような限定された状況（③）の下においては,見積によらない情報を提供することが必要になろう（par.2.22）としている。この場合,IASBの立場として,あくまでも最も有用な情報を非常に不確実性が高い見積もりとし,反対に制限された状況において見積を行わない情報という位置づけを与えているところに,基本的な思考方法が表れている。

4 補強的質的特性

(1) 補強的質的特性

「財務情報の補強的質的特性」に関して,表2-14のように,財務情報が有用であるために必ず必要とされる「基本的質的特性」の他に,それがあった方がより有用性が補強される「補強的質的特性」がある。すなわち,「比較可能性」,「検証可能性」,「適時性」及び「理解可能性」は,目的適合性があり忠実に表現されている情報の有用性を高める（par.2.23）。

表2-14 補強的質的特性

補強的質的特性		
	補強的質的特性	それがあった方がより有用性が補強されるもの 【構成要素】比較可能性,検証可能性,適時性,理解可能性
	比較可能性	他の企業に関する類似の情報や同一企業の別の期間に関する類似の情報と比較可能であること
	検証可能性	知識を有する独立した観察者が,特定の描写が忠実な表現であるという合意に達し得ること
	適　時　性	意思決定者の決定に影響を与えることができるように,適時に情報を利用可能なものとすること
	理解可能性	利用者が財務情報を理解可能であること
	補強的質的特性の適用	定められた順番に従うものではないこと

第1の補強的質的特性である「比較可能性」に関して，表2-15のように，「比較可能性」(comparability)とは，他の企業に関する類似の情報や，同一企業の別の期間又は別の日に関する類似の情報と比較可能であることであり(par.2.24)，「企業間比較」や「期間比較」ができる場合に，情報はより有用となる。

　また，「比較可能性と首尾一貫性や画一性との関係」に関して，比較可能性は，項目間の類似点と相違点を利用者が識別し理解することを可能にする質的特性である。他の質的特性と異なり，比較可能性は単一の項目に関するものではない。比較には少なくとも2つの項目が必要である。首尾一貫性は，比較可能性と関連したものであるが，同じものではない。首尾一貫性は，ある報告企業の期間ごとに，あるいは異なる企業のある単一の期間において，同じ項目に同じ方法を使用することを指している。比較可能性は目標であり，首尾一貫性はその目標の達成に役立つものである。また，比較可能性は画一性ではない。情報が比較可能となるためには，同様なものは同様に見え，異なるものは異なるように見えなければならない。財務情報の比較可能性は，同様でないものを同様に見せることで向上するものではない。これは，同様のものを異なるように見せることで比較可能性が向上しないのと同じである。一つの経済現象を複数の方法で忠実に表現することができるとしても，同じ経済現象について代替的な会計処理方法を認めることは，比較可能性を低下させる(pars.2.25-2.29)としている。

表2-15　比較可能性

摘　要	内　　　容
比較可能性	・他の企業に関する類似の情報や同一企業の別の期間に関する類似の情報と比較可能であること ・企業間比較や期間比較 ・項目間の類似点と相違点を利用者が識別し理解することを可能にする質的特性 ・比較には少なくとも2つの項目の必要性
首尾一貫性との関連	・ある報告企業の期間ごとに，あるいは異なる企業のある単一の期間において，同じ項目に同じ方法を使用すること

第2章 有用な財務情報の質的特性

	・比較可能性は目標であり，首尾一貫性はその目標の達成に役立つもの
画一性との関連	・比較可能性は画一性ではないこと ・比較可能なためには，同様なものは同様に見え，異なるものは異なるように見えなければならないこと
代替的な会計処理方法	同じ経済現象について代替的な会計処理方法を認めることは，比較可能性を低下させること

　第2の補強的質的特性である「検証可能性」に関して，表2-16のように，「検証可能性」(verifiability)とは，知識を有する独立した別々の観察者が，必ずしも完全な一致ではないとしても，特定の描写が忠実な表現であるという合意に達し得ることである。数量化された情報が検証可能であるためには，ある一点の見積りである必要はない。例えば，考え得る金額の範囲とそれに関連した確率も検証することができる。

表2-16　検証可能性

摘　要	内　　　容
検証可能性	・知識を有する独立した別々の観察者が，特定の描写が忠実な表現であるという合意に達し得ること ・数量化された情報が検証可能であるためには，ある一点の見積りである必要はないこと ・考え得る金額の範囲とそれに関連した確率も検証することができること ・直接的なものと間接的なものとがあること
直接的検証	・例えば，現金実査等 ・直接的な観察を通じて，その金額等を検証すること
間接的検証	・例えば，棚卸資産について先入先出法を用いて期末棚卸高の計算等 ・モデル，算式，その他の技法へインプットのチェックや同一の方法論を用いてのアウトプットの再計算のこと ・例えば，棚卸資産の帳簿価額の検証を，インプット（数量及び原価）をチェックして，期末の棚卸高を同じコスト・フローの仮定（例えば，先入先出法）を用いて再計算すること等
説明や将来予測的財務情報	・将来の期間まで検証が可能でないもの ・通常，基礎となる仮定，情報の収集方法，及びその情報の根拠となる他の要因及び状況を開示することが必要

そして，これには直接的なものと間接的なものとがある。「直接的検証」（direct verification：DV）とは，例えば，現金実査のように，直接的な観察を通じて，その金額等を検証することであり，「間接的検証」（indirect verification）とは，例えば，棚卸資産について先入先出法を用いて期末棚卸高を計算するように，モデル，算式，その他の技法へのインプットのチェックや同一の方法論を用いてのアウトプットの再計算のことである。この例としては，棚卸資産の帳簿価額の検証を，インプット（数量及び原価）をチェックして，期末の棚卸高を同じコスト・フローの仮定（例えば，先入先出法）を用いて再計算することによって行うといったものがある。また，説明や将来予測的財務情報の中には，将来の期間まで検証が可能でないものもある。利用者がその情報を利用したいかどうかを判断するのに役立てるために，通常，基礎となる仮定，情報の収集方法，及びその情報の根拠となる他の要因及び状況を開示することが必要である（pars.2.30-2.32）としている。

なお，新しい概念フレームワークにおいて測定基礎として公正価値を中心とする現在価額という時価を導入したことに伴って，後者の間接的検証を適用する項目が多くなってきている。

第3の補強的質的特性である「適時性」に関して，「適時性」（timeliness）とは，意思決定者の決定に影響を与えることができるように，適時に情報を利用可能とすることである（par.2.33）。

第4の補強的質的特性である「理解可能性」に関して，表2-17のように，「理解可能性」（understandability）とは，利用者が財務情報を理解可能であることであり，これは，情報を分類し，特徴づけし，明瞭かつ簡潔に表示することによって，可能となる。現象の中には，本質的に複雑で理解が容易にならないものもある。そうした現象に関する情報を財務報告書から除外すれば，それらの財務報告書の情報は理解しやすくなるかもしれない。しかし，そうした報告書は，不完全となり，したがって誤解を招くものとなる可能性がある。財務報告書は，事業及び経済活動についての合理的な知識を有し，情報を入念に検討し分析する利用者のために作成される（pars.2.34-2.36）としている。

第 2 章　有用な財務情報の質的特性

表 2-17　理解可能性

摘　要	内　　　　　容
理解可能性	・利用者が財務情報を理解可能であること ・情報を分類し，特徴づけし，明瞭かつ簡潔に表示することによって理解可能になること
想定する利用者	財務報告書は，事業及び経済活動についての合理的な知識を有し，情報を入念に検討し分析する利用者

(2)　補強的質的特性の適用

補強的質的特性の適用に際しての特徴として，これらは，可能な限りで最大化すべきである（par.2.37）が，必ずしも必要とされるものではない，ということがある。

そして，この「補強的質的特性の適用」に関して，この特性の適用は，反復的なプロセスであり，定められた順序に従うものではない（par.2.38）として，表 2-18 のように，基本的な特性の適用の場合には，一定の順序に従うけれども，補強的質的特性の適用についてはそうではないことを明示している。

表 2-18　質的特性の適用

質 的 特 性	質的特性の適用方法
基本的質的特性	一定の順序に従うこと（前述）
補強的質的特性	特定の順序はないこと

⑤　コストの制約

財務情報に関する質的特性に関連して，財務報告に関わるコスト（cost）は，情報の質的特性それ自体ではないけれども，情報を提供するために必要な犠牲としての性質を持っている。

それゆえ，表 2-19 のように，財務情報の提供に関わる一般的な制約（pervasive constraint）として，財務報告にかかるコストがその情報を報告する

ことによる便益（benefits）により正当化されること（par.2.39），すなわち［コスト＜便益］であることが求められる。

ここで，「考慮すべきコストと便益」に関して，これについては，次のようなものがあるとしている。

すなわち，財務情報の提供者は，財務情報の収集，加工，検証及び配布に労力の大半を費やすが，利用者はそれらのコストをリターンの低下という形で最終的に負担する。財務情報の利用者にも，提供された情報の分析や解釈のコストが生じる。必要な情報が提供されない場合には，その情報を他から入手するか又は見積もるための追加的コストも利用者に生じる。目的適合性があり表現しようとしているものを忠実に表現する財務情報を報告することは，利用者がより高い確信をもって意思決定を行うのに役立つ。これは，資本市場の機能の効率性を高め，経済全体にとって資本コストを低くすることになる。個々の投資者，融資者及び他の債権者も，より詳しい情報に基づいて意思決定を行うことにより便益を受ける。しかし，一般目的財務報告書が，すべての利用者が，目的適合性があると考える情報をすべて提供することは可能ではない。

表2-19　コスト制約

摘　　要	内　　　　容
コスト制約	・財務報告にかかるコストがその情報を報告することによる便益により正当化されること ・コスト＜便益
考慮すべきコスト	【提供者】 財務情報の収集，加工，検証及び配布に関するコスト 【利用者】 ・上記のコストをリターンの低下という形で最終的に負担 ・提供された情報の分析や解釈のコスト ・必要な情報が提供されない場合には，その情報を他から入手するか又は見積もるための追加的コスト
目的適合的な財務情報	・利用者がより高い確信をもって意思決定可能 ・資本市場の機能の効率性を高め，経済全体にとって資本コストの低下

第2章　有用な財務情報の質的特性

コスト制約の適用	・特定の情報を報告することの便益が当該情報の提供と利用のために生じるコストを正当化できる可能性が高いかどうかの評価 ・財務情報の提供者，利用者，監査人，研究者等から，予想される当該基準の便益とコストの性質と量に関する情報を求めること ・定量的情報と定性的情報の組合せを基礎とする評価
コストと便益の評価	・財務報告一般との関連で考慮 ・常にすべての企業について同じ報告要求を正当化するということを意味しないこと ・企業の規模の相違，資金調達の方法の相違（公開か非公開か），利用者のニーズの相違等の要因により，相違が適切である場合も

　コスト制約を適用する際に，IASBは，特定の情報を報告することの便益が当該情報の提供と利用のために生じるコストを正当化できる可能性が高いかどうか評価する。財務報告基準の案を作成するに当たってコストの制約を適用する際に，IASBは，財務情報の提供者，利用者，監査人，研究者及び他の人々から，予想される当該基準の便益とコストの性質と量に関する情報を求める。ほとんどの場合には，評価は定量的情報と定性的情報の組合せを基礎とする。

　財務情報の特定の項目を報告することのコストと便益についての個々人の評価は，本来的に主観性があるため，相違が生じるであろう。したがって，IASBは，コストと便益を，個々の報告企業との関連においてではなく，財務報告一般との関連で考慮しようとしている。これは，コストと便益の評価が常にすべての企業について同じ報告要求を正当化するということを意味しない。企業の規模の相違，資金調達の方法の相違（公開か非公開か），利用者のニーズの相違等の要因により，相違が適切である場合もある（pars. 2.40-2.43）としている。

〔注〕
1) IASB[2010]pars. QC4-5.
2) Ibid., pars. C 19, BC 3.36.
3) 岩崎[2011b]30-32頁。

第3章　財務諸表と報告企業

1　財務諸表と報告企業の概要

(1)　財務諸表と報告企業の概要

IASBの概念フレームワーク上，第3章「財務諸表と報告企業」では，表3-1のような内容を規定している。

表3-1　第3章「財務諸表と報告企業」の規定内容

(1)　財務諸表 　①　財務諸表の目的と範囲 　②　報告期間 　③　財務諸表上で採用された視点 　④　継続企業の前提 (2)　報告企業 　　連結財務諸表及び非連結財務諸表

（出所）　IASB[2018a]p.3，番号は著者が挿入。

概念フレームワーク上「財務諸表」とは，一般目的財務諸表すなわち特定形式の一般目的財務報告のことである。また，「報告企業」とは，財務諸表の作成が強制され，ないし選択した企業のことであり，必ずしも法的企業である必要はなく，企業の一部ないし一つ以上の企業で構成され得る。

以下では，これらについて順に解説していくこととする。

(2)　財務諸表と報告企業の規定

IASCは，1989年概念フレームワークにおいて「報告企業」(reporting entity：RE) に関する規定をしていなかった。他方，IASBは，2005年9月にこれについて開発プロジェクトを開始し，2008年5月に討議資料「改善され

た財務報告に関する概念フレームワークについての予備的見解：報告企業」を，2010年3月に公開草案「財務報告に関する概念フレームワーク：報告企業」を公表した。そして，2018年の「財務報告に関する概念フレームワーク」では，IASBの概念フレームワーク上初めて「報告企業」について規定を行っている。

② 財務諸表

(1) 財務諸表と財務報告

前述のように，1989年概念フレームワークでは，「財務諸表の目的」について規定をしていたけれども，2010年以降の概念フレームワークでは，「財務報告の目的」へと拡大されている。この場合，財務報告は，財務諸表の他に，追加情報や経営者による説明等を含む，財務諸表より広い概念である。しかし，ここでは，財務報告の中心的なものである財務諸表について取扱っている。

(2) 財務諸表の目的と範囲

概念フレームワークにおいて「財務諸表」(financial statements：FS) とは，一般目的財務諸表すなわち特定形式の一般目的財務報告のことである。この財務諸表は，財務諸表の構成要素の定義を満たした，報告企業の経済的資源，企業に対する請求権及びこれらの資源や請求権の変動についての情報を提供するものである (par.3.1)。

そして，「財務諸表の目的」(objective of financial statements) は，㋐当該報告企業についての将来の正味キャッシュ・インフローの見通し及び㋑当該報告企業の経済的資源についての経営者の受託責任を評価する上で，財務諸表の利用者に有用な，報告企業の資産，負債，持分，収益及び費用についての財務情報を提供することである (par.3.2) として，基本目的としての「意思決定目的」を前提として，その具体的目的として「将来キャッシュ・フロー予測目的」と「受託責任目的」という目的を挙げている。

そして，これらの情報は，次のように提供される (par.3.3)。

(a) 財政状態計算書上で，資産，負債及び持分を認識することによって，
(b) 財務業績の計算書上で，収益や費用を認識することによって，及び
(c) その他の計算書や注記で，次のような情報を表示及び開示することによって，
　(i) 認識された資産や負債の性質やそれらから生じるリスクについての情報を含む，認識された資産，負債，持分，収益及び費用
　(ii) それらの性質やそれらから生じるリスクについての情報を含む，未認識の資産及び負債
　(iii) キャッシュ・フロー
　(iv) 持分請求権の保有者からの拠出や彼等への分配，及び
　(v) 表示又は開示された金額を見積もるのに用いた方法，仮定及び判断並びにそれらの変動

　IASBは，表3-2のように，基本的な財務諸表として財政状態計算書，財務業績の計算書，キャッシュ・フロー計算書及び持分変動計算書を考えている。

表3-2　基本財務諸表

基本財務諸表	・財政状態計算書（statement of financial position） ・財務業績の計算書（statement of financial performance） ・キャッシュ・フロー計算書（statement of cash flow） ・持分変動計算書（statement of changes in equity）

　「財政状態計算書」（statement of financial position）は，従来から貸借対照表（balance sheet）と呼ばれ，図3-1のように，「財政状態」を示すための計算書であり，資産，負債及び持分から構成される。「財務業績の計算書」（statement of financial performance）（損益計算書や包括利益計算書）は，「財務業績」（経営成績）を示すためのものであり，収益と費用から構成される。

図3-1　財政状態計算書と財務業績の計算書

財政状態計算書（財政状態）

資産	負債
	持分

財務業績の計算書（財務業績）

費用	収益
（利益）	

　この財務業績の計算書の作成方式には，表3-3のように，損益計算書と包括利益計算書の二つでそれを示す「二計算書方式」と，包括利益計算書のみで

それを示す「一計算書方式」とがあり，どちらか一方の選択適用が認められている。

表3-3　財務業績の計算書の作成方式

作成方式	内容
二計算書方式	損益計算書と包括利益計算書の二つでそれを示す方式
一計算書方式	包括利益計算書のみでそれを示す方式

また，「キャッシュ・フロー計算書」(statement of cash flow) は，一定期間におけるキャッシュ・フローの状況すなわちキャッシュの増減変化と期首・期末の残高を示す計算書である。そして，「持分変動計算書」(statement of changes in equity) は，一定期間における持分の変動の状況すなわち持分の増減変化と期首・期末の残高を示す計算書である。

(3) 報告期間

財務諸表の「報告期間と報告内容」に関して，財務諸表は，一定期間（「報告期間」reporting period：RP）について作成され，⑦報告期間末ないし報告期間中に存在する－未認識資産及び負債を含む－資産，負債及び持分，並びに④当該報告期間における収益や費用についての情報を提供する（par.3.4）としている。

財務情報の有用性を高めるための「比較情報」(comparative information：CI) に関して，財務諸表の利用者が変化や傾向を識別し，評価するのを支援するために，財務諸表はまた，少なくとも前期についての比較情報も提供する（par.3.5）としている。

また，「後発事象」(events occurring after the balance sheet date) に関して，財務諸表は，その情報の提供が財務諸表の目的を満たすために必要である場合には，当該報告期間末日後に生じた取引及びその他の事象（「後発事象」）についての情報を含める（par.3.7）としている。

(4) 財務諸表上採用された視点

財務諸表による財務情報を提供する時に,「財務諸表上採用された視点」(perspective adopted in financial statements) に関して,財務諸表は,当該企業の現在ないし潜在的な投資者,融資者ないし他の債権者の特定の集団の視点からではなく,報告企業全体の視点から,取引及びその他の事象についての情報を提供する (par.3.8) としている。

これは,企業それ自体が企業の所有者である企業主とは区別された意味で,社会的に計算・記録・報告の会計単位として別個に存在するという「企業実体の公準」の観点から見れば,現在一般的に認められたものである。

表3-4 資本主理論と企業主体理論

摘要	資 本 主 理 論	企 業 主 体 理 論
中心	資本主(所有者)	資本主から独立した組織としての企業
資産 負債	・資産は資本主により所有され,負債は資本主が負っているもの ・収益費用は資本主持分の増減	・資産は企業が保有するもの ・債権者や株主は企業に対して請求権や持分を持っている

他方,会計上の判断を行う主体を誰に求めるのかという「会計主体論」の観点からすれば,表3-4のように,ここでは,資本主理論[1]的な考え方ではなく,企業主体理論[2]的な考え方を示しているものと考えられる。なお,連結基礎概念ないし連結主体論においては,IASBは,資本主理論的な考え方と整合性のある「親会社説」ではなく,企業主体理論的な考え方と整合性のある「経済的単一体説」によっている。

(5) 継続企業の前提

この概念フレームワークにおける基礎となる前提ないし公準(「会計公準」)として,次のような「継続企業」(going concern:GC) に関する規定をしている (par.3.9)。

表3-5のように,財務諸表は,通常,報告企業が継続企業であり,予見し得る将来にわたり事業活動を継続するという前提に基づいて作成される。した

がって，企業が清算あるいは事業の中止を意図しておらず，またその必要もないことが仮定されている。このような意図又は必要が存在する場合には，財務諸表を異なる基礎3)に基づいて作成しなければならない可能性がある。その場合には，財務諸表に採用した基礎を開示することとしている。

表3-5　基礎となる前提：継続企業

前提	内　　　　容	差　　異
継続企業	企業は継続企業であり，予見し得る将来において事業活動を継続するという前提	どちらの前提を採用するかで，一般に財務諸表上計上される項目，測定基礎や金額等が異なってくる。
非継続企業	企業は継続しない企業であり，近い将来において事業活動を清算ないし売却し，停止するという前提	

なお，継続企業でない場合の前提は，「非継続企業」であり，近い将来において企業を清算ないし売却し，停止する場合である。両者の場合には，一般に会計上の計上項目，測定基礎や計上金額等が異なってくる。

また，この継続企業の前提は，1989年概念フレームワークから継続的に採用されてきている会計公準4)の一つである。

③　報　告　企　業

(1)　報告企業の意義・内容

「報告企業」に関して，報告企業 (reporting entity：RE) とは，財務諸表を作成することが要求されないし選択した企業のことである。この場合，報告企業は単一の企業又は単一の企業の一部又は一つ以上のものから構成され得る。そして，報告企業は，必ずしも法的企業である必要はない (par.3.10)。これらの具体例として，表3-6のように，例えば，報告企業が，単一の企業の場合には，通常の個別財務諸表が作成され，企業の一部の場合には，本店財務諸表，支店財務諸表，事業部財務諸表等が作成され，二つ以上の企業から構成される場合には，連結財務諸表等が作成される。

第3章 財務諸表と報告企業

表3-6 報告企業と財務諸表

報　告　企　業		財　務　諸　表　の　例
(1) 企業の一部		本店財務諸表等
(2) 単一の企業		非連結財務諸表（個別財務諸表）
(3) 2つ以上の企業	① 支配従属関係	連結財務諸表
	② ①以外のもの	結合財務諸表

「連結財務諸表，非連結財務諸表及び結合財務諸表の関係」に関して，表3-7のように，ある企業（親会社）は，他の企業（子会社）の支配権を持っている。そして，ある報告企業が親会社と子会社とから構成される場合には，当該報告企業の財務諸表は「連結財務諸表」(consolidated financial statements：CFS) と呼ばれる。他方，報告企業が当該親会社のみである場合には，報告企業の財務諸表は「非連結財務諸表」(unconsolidated financial statements：UFS) と呼ばれる (par.3.11)。すなわちこれは，親会社の個別財務諸表である。これに関連して，IASBでは，連結財務諸表を作成表示することを原則とし，親会社の個別財務諸表の作成表示については，任意なものとしている。他方，わが国では，連結財務諸表と個別財務諸表の両方の作成表示が求められている。

また，報告企業が，すべてが親子会社関係によって結びついていない二つ以上の企業によって成り立つ場合には，その報告企業の財務諸表は，「結合財務諸表」(combined financial statements：CFS) と呼ばれる (par.3.12)。なお，この結合財務諸表の作成・表示は，実務上あまり一般的ではない。

表3-7 財務諸表の種類

財　務　諸　表	内　　　　容
連結財務諸表	・親会社と子会社という支配従属関係から構成される報告企業の作成する財務諸表 ・「親会社」とは，他の会社を支配している会社であり，「子会社」とは，当該他の会社
非連結財務諸表	親会社が作成する個別財務諸表
結合財務諸表	すべてが親子関係によって結びついていない二つ以上の企業によって成り立つ場合の報告企業が作成する財務諸表

(2) 報告企業の境界

「報告企業の境界決定」に関して，報告企業が，次のような場合には，報告企業の適切な境界を決定することは難しい（par.3.13）。

(a) 法的企業ではなく，そして，
(b) 親子会社関係によって結ばれた法的企業のみによって構成されていない場合。

このような場合には，この決定は，当該報告企業の財務諸表の主要な利用者の情報ニーズによってなされる。これらの利用者は，それが表そうとするものを忠実に表現する目的適合性のある情報を必要としている。それゆえ，忠実な表現には，次のことが要求されている（par.3.14）。

(a) 報告企業の境界は，恣意的又は不完全なセットの経済活動を含んでいないこと，
(b) 当該報告企業の境界内の一連の経済活動が中立的な情報をもたらすこと，そして，
(c) どのように報告企業の境界が決定されたのか，及び何が報告企業を構成するのかを記述すること。

なお，IASBの概念フレームワーク上，意思決定有用性アプローチの観点から利用者ニーズにより決定される主な事項には，表3-8のようなものがある。

表3-8 利用者ニーズにより決定される主な事項

利用者ニーズにより決定される主な事項	① 財務報告の対象 ② 報告企業の境界決定 ③ 資本維持概念の決定 ④ その他

(3) 連結財務諸表及び非連結財務諸表

「連結財務諸表及び非連結財務諸表」に関して，表3-9のように，経済的なグループ全体としての連結財務諸表は，単一の報告企業として，親会社と子会社の両方の資産，負債，持分，収益及び費用についての情報を提供するものである。この情報は，親会社への将来の正味キャッシュ・インフローの見通しを評価する際に，親会社の現在及び潜在的な投資者，融資者及び他の債権者に有用である (par.3.15)。このように，法的な実体としての個別財務諸表ではなく，経済的なグループ全体としての実体として，連結財務諸表が作成される。

表3-9 連結財務諸表

摘　　要	内　　　　　容
意　　義	経済的なグループ全体が単一の報告企業として，親会社と子会社の両方の資産，負債，持分，収益及び費用についての情報提供
役　　割	親会社への将来の正味キャッシュ・インフローの見通しを評価する際に，親会社の現在及び潜在的な投資者，融資者及び他の債権者に有用
作　　成	・連結財務諸表の作成：強制 ・非連結財務諸表（個別財務諸表）の作成：任意
非連結財務諸表	・親会社の資産，負債，持分，収益及び費用についての情報を提供 ・法的な実体としての個別財務諸表

他方，非連結財務諸表は親会社の資産，負債，持分，収益及び費用についての情報を提供することを意図するものであり，子会社のそれらを提供するものではない。非連結財務諸表によって提供される情報は，親会社の現在及び潜在的な投資者，融資者及び他の債権者の情報ニーズを満たすのに十分ではない。それゆえ，連結財務諸表が要求される場合には，非連結財務諸表が連結財務諸表の代替となり得ない。それにも関わらず，親会社は，連結財務諸表に加えて非連結財務諸表を作成することが要求され又は選択するであろう (pars.3.17-3.18) としている。

〔注〕
1) 資本主の観点から会計的判断を行い,財務諸表の報告を行うという考え方のこと。
2) 企業の観点から会計的判断を行い,財務諸表の報告を行うという考え方のこと。
3) 例えば,清算価値等で測定して表示する。
4) 計算構造に関する会計公準として,わが国では,一般に継続企業の公準,企業実体の公準及び貨幣的評価の公準が知られている。

第4章　財務諸表の構成要素

1　財務諸表の構成要素の概要

(1) 財務諸表の構成要素の概要

IASBの概念フレームワーク上，第4章「財務諸表の構成要素」では，表4-1のような内容を規定している。

表4-1　第4章「財務諸表の構成要素」の規定内容

```
(1) はじめに
(2) 資産の定義
  ① 権利
  ② 経済的便益を生み出す潜在能力
  ③ 支配
(3) 負債の定義
  ① 義務
  ② 経済的資源の移転の義務
  ③ 過去の事象の結果としての現在の義務
(4) 資産及び負債
  ① 会計単位
  ② 未履行契約
  ③ 契約権利及び契約義務の実質
(5) 持分の定義
(6) 収益及び費用の定義
```

（出所）　IASB[2018a]pp.3-4,　番号は著者が挿入。

概念フレームワーク上「財務諸表の構成要素」には，資産，負債，持分，収益及び費用がある。そして，「資産等の定義」に関する主な内容として，「資産」とは，過去の事象の結果として当該企業によって支配されている現在の経済的資源であり，「収益」とは，持分請求権の保有者からの拠出に関連するも

の以外の持分の増加をもたらす資産の増加又は負債の減少であるとして,利益観として資産負債アプローチを採用している。

以下では,これらについて順に解説していくこととする。

(2) 財務諸表の構成要素

IASBの概念フレームワーク上,財務諸表の構成要素 (elements of financial statements) に関して,財務諸表は,その経済的特徴に従って,次のような大項目である構成要素に分けられる。

すなわち,表4-2のように,「財政状態計算書」(statement of financial position)(貸借対照表)における「財政状態」(financial position:FP)に関係する構成要素には,資産,負債及び持分があり,「財務業績の計算書」(statement of financial performance)(損益計算書や包括利益計算書)における「財務業績」(financial performance:FP:経営成績)に関係する構成要素には,収益と費用がある (par.4.1)。

表4-2 財務諸表の構成要素

内　　容	構成要素	表示内容	財　務　諸　表
経済的資源	資　　産	財 政 状 態	財政状態計算書[*1]
請求権	負　　債		
	持　　分		
財務業績により反映される経済的資源と請求権の変動	収　　益	財 務 業 績	財務業績の計算書[*2]
	費　　用		

[*1]:従来から貸借対照表と呼ばれている。
[*2]:具体的には,損益計算書や包括利益計算書のこと。
(注) IASB[2018a]par.4.2を参照し,著者作成。

なお,財務諸表の構成要素の認識に関しては,資産等の定義を満たせば,すべてが財務諸表に計上されるわけではなく,この他に,後述の認識規準を満たす必要がある。そして,表4-3のように,以下のような財務諸表の構成要素を定義することによって,計算構造上必須な具体的な利益計算要素が決定され

ることとなる。

表4-3 財務諸表の構成要素

第1章で論じた項目	構成要素	定義又は記述
経済的資源	資産	過去の事象の結果として企業によって支配されている現在の経済的資源 経済的資源とは，経済的便益を生み出す潜在能力を有する権利
請求権	負債	過去の事象の結果として経済的資源を移転する企業の現在の義務
	持分	企業のすべての負債を控除した後の資産に対する残余持分
財務業績により反映される経済的資源と請求権の変動	収益	資産の増加又は負債の減少で，持分請求権の保有者からの拠出に関するもの以外の持分の増加を生み出すもの
	費用	資産の減少又は負債の増加で，持分請求権の保有者への分配に関するもの以外の持分の減少を生み出すもの
その他の経済的資源と請求権の変動	－	持分請求権の保有者からの拠出及び持分請求権の保有者への分配
	－	持分の増加又は減少を生じさせない資産又は負債の交換*

＊：例えば，資産を現金で取得した場合。
(出所) IASB[2018a]par.4.2．(注)は著者挿入。

❷ 財 政 状 態

(1) 財 政 状 態

　財政状態計算書（貸借対照表）上示される財政状態の測定に直接関連する構成要素は，表4-4のように，資産，負債及び持分であり，このうち資産概念は，資産負債アプローチを採用するIASBの新しい概念フレームワークにおいてその中心概念である。

　ここで「資産」（asset）とは，過去の事象の結果として企業によって支配されている現在の経済的資源である（par.4.3）。なお，従来の資産の中で規定さ

れていた「経済的便益」(economic benefits：EB) という概念は，資産の定義ではなく「経済的資源」という独立の定義の中で，「経済的資源」(economic resource：ER) とは，経済的便益を生み出す潜在能力を有する権利 (right) である (par.4.4) というように，規定されている。

表4-4　財　政　状　態

財務諸表	表　示　内　容		要素
財政状態計算書	財政状態	経済的資源	資産
		請求権	負債
			持分

(注)　要素：財務諸表の構成要素。

　すなわち，詳細な内容をあえて無視し，簡単にいえば，図4-1のように，収益 (経済的便益) を生み出す潜在的な能力を有するものが経済的資源であり，その経済的資源が資産である。さらに要約すると，(「持分」の増加をもたらす「利益」の源泉である)「収益」を生み出す潜在的能力のある権利が「資産」である，ということを意味する。

図4-1　経済的便益，経済的資源と資産

　他方，資産の反対概念ないしミラー概念としての「負債」(liability) とは，過去の事象の結果として経済的資源を移転する企業の現在の義務である (par.4.26)。これらの定義から新しい概念フレームワークにおける資産や負債の具体的内容は，「経済的資源」ないし「経済的便益」の増減であることが理解できる。

　このように，資産の具体的な内容に関して，新しい概念フレームワークでは，経済的資源に限定することによって，一方において，従来計上が認められていた経済的資源でない単なる計算擬制項目[1]を，資産から排除すると共に，他方において，新しい概念フレームワークの定義では，発生の可能性の高さ (蓋

第4章 財務諸表の構成要素

然性)を問題としていないので,従来において計上されなかった蓋然性の低いものも,定義に含めるような概念となっている。

また,表4-5のように,「持分」(equity)とは,企業のすべての負債を控除した後の資産に対する残余持分(residual interest：RI)である(par.4.63)としている。

表4-5 概念フレームワーク上の持分の定義の仕方の特徴

特　　　徴	内　　　　　　　容
資産負債アプローチ	財務諸表の構成要素の定義を資産負債から始めるアプローチ
持分概念	「資本」や「純資産」という概念ではなく,「持分」という概念を使用していること
純額概念	持分を資産と負債の差額としていること
負債確定アプローチ	負債を先に確定し,残りを持分や資本とするというアプローチ

このように,ここでは,従来の概念フレームワークと同様に,資産から負債を控除した後の残余持分という差額概念的な定義を保持すると同時に,図4-2のように,資産負債アプローチに基づいて,資本を先に確定する「資本確定アプローチ[2)]」ではなく,負債を先に確定する「負債確定アプローチ[3)]」の立場を採用している。

図4-2 負債確定アプローチと資本確定アプローチ

(2) 資産の定義

① 資産の定義

概念フレームワーク上,前述のように,「資産」(asset)とは,過去の事象の

結果として企業によって支配されている現在の経済的資源である（par.4.3）。

② 資産の定義の3側面

このような概念フレームワーク上の資産の定義には，表4-6のように，次の3側面がある（par.4.5）。

表4-6　資産の定義の3側面

定　　　義	3　側　面	内　　　容
過去の事象の結果として企業によって支配されている現在の経済的資源 （経済的便益を生み出す潜在能力を有する権利）	①　権利	多様な形態をとる経済的便益を生み出す潜在能力を持つもの
	②　経済的便益を生み出す潜在能力	収益を稼得する潜在能力であり，蓋然性は特に要求されないこと
	③　支配	企業によるコントロール

③ 権　　利

まず，資産の定義の3側面の第1の「権利」に関して，経済的便益を生み出す潜在能力を持つ権利は，次のようなものを含む，多様な形態をとる（par.4.6）。

(a) 他者の義務に対応する権利（rights），例えば：
　(i) 現金を受け取る権利
　(ii) 財及びサービスを受け取る権利
　(iii) 有利な条件で他者と経済的資源を交換する権利
　(iv) 一定の不確実な将来事象が生じたときに，経済的資源を移転する他者の義務から便益を得る権利
(b) 他者の義務に対応しない権利，例えば：
　(i) 例えば，有形固定資産や棚卸資産のような，物理的実体（物体）に対する権利
　(ii) 知的財産を使用する権利

また，受け取って直ちに消費される財又はサービス（例えば，従業員サービス）は，消費されるまで瞬間的には，経済的便益を獲得する権利である（par.4.8）としている。

この場合，注意すべきことは，企業は，経済的資源を自己から受け取る権利

を有することはできない,ということである。したがって,
(a) 企業が発行し買い戻して保有している負債性金融商品又は資本性金融商品(例えば,自己株式)は,当該企業の経済的資源ではない。
(b) 報告企業が一つ以上の法的企業から構成される場合において,それらの法的企業の一方が発行して,それらの法的企業の他方が保有している負債性金融商品又は資本性金融商品(例えば,子会社株式[4])は,当該報告企業の経済的資源ではない(par.4.10)としている。

そして,「権利と会計単位の関係」に関して,図4-3のように,原則として,企業の権利のそれぞれが別個の資産である。しかし,会計処理の目的上,関連する権利が単一の会計単位,すなわち単一の資産として扱われることが多い。

例えば,次のような権利が物体(physical object:物理的実体)の法的所有権から生じることがある(par.4.11)。
(a) 当該物体を使用する権利(「使用権」)
(b) 当該物体を売却する権利(「処分権」)
(c) 物体を担保に差し入れる権利(「担保差入権」)
(d) 上記(a)から(c)で個別に言及されていない他の権利(「その他の権利」)

図4-3 権利と会計単位の関係

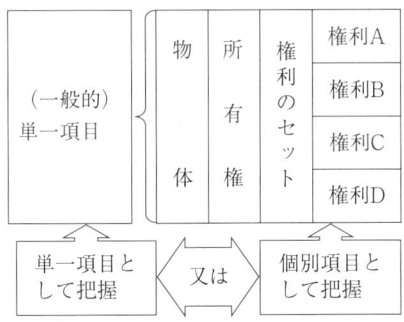

多くの場合,物体の法的所有権から生じる権利のセット(set of rights)は,単一の資産として会計処理される。しかし,概念上,経済的資源はその権利のセットであり,物体ではない。それでも,その権利のセットを物体として記述

することが,最も簡潔で理解可能な方法でそれらの権利の忠実な表現を提供することが多いであろう(par.4.12)としている。

④ 経済的便益を生み出す潜在能力

(a) 経済的便益を生み出す潜在能力

　資産の定義の第2の側面である「経済的便益を生み出す潜在能力」に関して,経済的資源は,経済的便益を生み出す潜在能力を持っている権利である。その潜在能力が存在するためには,その権利が経済的便益を生み出すことが確実である必要はなく,可能性が高いことさえ必要ない。必要なのは,権利がすでに存在しており,そして少なくとも一つの状況において,それが全ての他の関係者に利用可能でない経済的便益を当該企業に生み出すであろうということである(par.4.14)として,経済的便益を生み出す潜在能力における蓋然性については,従来のように,それが必要なのではなく,蓋然性の高さは無関係であるという新しい見解を示している。

(b) 蓋　然　性

　概念フレームワーク上,不確実性の取扱いについて,従来のように,財務諸表の構成要素の定義や認識規準ではなく,新しく測定等で取り扱うという新しいアプローチが採用されている。

　これに伴って,表4-7のように,将来の発生の予測についても,従来の最も発生確率の高い最頻値を見積もるという「最頻値法」から複数の発生シナリオを予想し,それぞれのものに発生確率を乗じて計算するという「期待値法」へと移行しつつある。

表4-7　将来の発生予測の方法

最頻値法	最も発生確率の高い最頻値を見積もる方法
期待値法	複数の発生シナリオを予想し,それぞれのものに発生確率を乗じて計算する方法

⑤ 支　　配

資産の定義の第3の側面である「支配」(control)に関して,次のようなこ

とを規定している。

支配は，経済的資源を企業に結び付けるものである。支配が存在するかどうかの判定は，企業がどのような経済的資源を会計処理すべきかを識別するのに役立つ。例えば，企業が不動産全体の所有から生じる権利を支配せずに，不動産に対する比例的な持分を支配しているかもしれない。そのような場合，企業の資産は，不動産に対する持分（企業が支配している）であり，不動産全体の所有から生じる権利（企業が支配していない）ではない。企業は，経済的資源の使用を指図して，そこから生じる経済的便益を獲得する現在の能力を有している場合には，経済的資源を支配している（pars.4.19-4.20）としている。

(3) 負債の定義

① 負債の定義

概念フレームワーク上，前述のように，「負債」(liability) とは，過去の事象の結果として経済的資源を移転する企業の現在の義務である（par.4.26）。

② 負債の定義の3側面

「負債の定義の3側面」に関して，これは，表4-8のとおりであり，負債が存在するためには，以下の三つの規準のすべてが満たされなければならない（par.4.27）としている。

表4-8　負債の定義の3側面

① 企業が義務を負っていること「(義務)」
② その義務は経済的資源を移転しなけらばならないものであること「(経済的資源の移転)」，かつ
③ その義務は過去の事象の結果として存在する現在の義務であること「(過去の事象の結果としての現在の義務)」

（出所）　IASB[2018a]par.4.27．番号及び括弧内は著者挿入。

③ 義　　務

負債の定義の3側面の第1の「義務」(obligation) に関して，これは，企業が義務を負っているということである（par.4.27）としている。

④ 経済的資源の移転

負債の定義の3側面の第2の「経済的資源の移転」に関して,これは,経済的資源を移転しなければならない義務である(par.4.36)としている。

この規準を満たすために,この義務は,他者への経済的資源の移転を企業に要求する潜在能力がなければならない。この潜在能力が存在するために,企業は経済的資源の移転を要求されることが確実である必要はなく,可能性が高いことさえも必要ないが,この移転は,例えば,特定の不確実な将来の事象が発生したときにのみ要求されるものであろう。そしてただ一つ要求されることは,義務はすでに存在していなければならず,企業が経済的資源の移転を要求される状況が少なくても一つはなければならないということである[5](par.4.37)として,資産と同様に,従来要求されていた蓋然性は要求されないものとしている。

この場合,「経済的資源を移転する義務」に関して,これには,例えば,次のことを行う義務が含まれる(par.4.39)。

(a) 現金の支払い義務
(b) 財又はサービスを提供する義務
(c) 他者との不利な条件での経済的資源の交換義務
(d) 一定の不確実な将来の事象が発生した時に,経済的資源を移転する義務
(e) その金融商品が企業に経済的資源を移転させる義務となる場合に,金融商品を発行する義務。

また,「義務の履行」に関して,経済的資源を移転する義務を履行する代わりに,企業は次のことを行う場合がある。例えば,

(a) 義務からの解放を交渉することによって義務を決済すること
(b) 義務を第三者へ移転すること
(c) 新しい取引を行うことによって,経済的資源を移転する義務を,別の義務に置き換えること(par.4.40)

として,義務の移転を交渉や第三者への移転等によって行うことを挙げている。

⑤ 過去の事象の結果としての現在の義務

負債の定義の第3の側面である「過去の事象の結果としての現在の義務」に関して，その義務は，過去の事象の結果として存在する現在の義務である（par.4.42）としている。

これに関して，次の場合のみ，過去の事象の結果として現在の義務が存在する（par.4.43）としている。

(a) 企業は，すでに経済的便益を受け取っているか，又は活動を行っている。かつ

(b) その結果として，企業は，移転をしていないのであれば，経済的資源を移転しようとしているか又はしなければならない。

この場合，前者の「受け取った経済的便益」には，例えば，財又はサービスが含まれる可能性がある。また，「行った活動」には，例えば，特定の事業を行うことや特定の市場における営業が含まれる可能性がある。経済的便益の受け取り又は活動が一定期間にわたり行われる場合には，現在の義務は一定期間にわたり累積することになる（par.4.44）としている。

⑥ 未履行契約

前述の義務の履行に関連するものとして「未履行契約」がある。ここで「未履行契約」（executory contracts：EC）とは，同等に未履行である契約又は契約の一部である。すなわち，いずれの当事者も自らの義務を全く履行していないか，又は両方の当事者が自らの義務を同じ範囲まで部分的に履行している（par.4.56）という状況のことである。

未履行契約は，経済的資源を交換する組み合わされた権利及び義務を設定する。この権利及び義務は，相互依存的であり分離できない。したがって，この組み合された権利と義務は単一の資産又は負債を構成する。当該企業は，交換の条件が現在有利である場合には資産を有しており，交換の条件が現在不利である場合には負債を負っている。当該資産又は負債が財務諸表に含まれるかどうかは，認識規準と当該資産又は負債について選択されている測定基礎の両方に依存する。これには，該当ある場合には，契約が不利になっているかどうか

のテストが含まれる (par.4.57)。

　当事者が契約に基づく義務を履行する範囲で，契約は未履行ではなくなる。報告企業が契約に基づく履行を先に行う場合には，当該履行は，報告企業が経済的資源を交換する権利及び義務を，経済的資源を受け取る権利に変化させる事象である。当該権利は資産である。他者が先に履行を行う場合には，当該履行は，報告企業が経済的資源を交換する権利及び義務を，経済的資源を移転する義務に変化させる。当該義務は負債である (par.4.58) として，未履行契約は，契約当事者のどちらかが義務を履行した範囲で資産又は負債となる。

(4) 持分の定義

　図4-4及び表4-9のように，「持分」(equity) とは，企業のすべての負債を控除した後の資産に対する残余持分である (par.4.63) として，差額ないし純額概念として持分を規定している。

図4-4　持　　分

貸借対照表

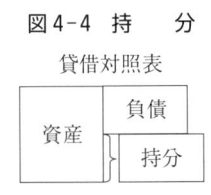

　また，「持分請求権」(eqity claim：EC) とは，企業のすべての負債を控除した後の資産に対する残余持分に対する請求権である。言い換えると，企業に対する請求権のうち負債の定義を満たさないものである。そのような請求権は，契約，法律及び類似の手段によって設定される場合があり，負債の定義を満たさない限りで，次のようなものがある。

(a)　企業によって発行された様々な種類の株式
(b)　他の持分請求権を発行する企業のある種の義務 (par.4.64)。

　このように，「負債確定主義」によって先に負債を確定し，残りの持分請求権を規定し，また，その具体例を挙げている。

　この場合，異なる種類の持分請求権は，その保有者に異なる権利を移転する。

例えば，下記の一部又は全部を受ける権利である（par.4.65）。
- (a) 企業が有資格の保有者へ配当を支払うことを決定した場合には，配当
- (b) 全部清算又は他の場合の部分清算時における持分請求権を満たすことによる払戻金，又は
- (c) その他の持分請求権

　時々，法律，規制又は他の要求は，例えば，株主資本又は留保利益というような，特定の持分の内訳項目に影響を及ぼす。例えば，そのような要求は，当該要求が分配可能であると規定している十分な剰余金を企業が保有している場合のみ，持分請求権の保有者へ企業が分配をすることを許容する（par.4.66）として，持分の項目ごとに，法律等に関する規定内容が異なっていることを示している。

　また，「企業形態と持分の定義の関係」に関して，事業活動は，個人企業，パートナーシップ及び信託並びにさまざまな形態の政府事業等の企業によって行われることも多い。こうした企業についての法律及び規制上の枠組みは，法人企業に適用される枠組みとは異なることが多い。例えば，そのような企業に対して，持分請求権の保有者への分配に対する制限が，あるとしてもほとんどない場合がある。それでもこの概念フレームワークにおける持分の定義は，すべての企業に適用される（par.4.67）として，事業活動は様々な企業の形で行われるけれども，本概念フレームワークにおいては持分の定義はすべての報告企業に適用されるとしている。

表4-9 持　　分

摘　要	内　　容
持　分	企業のすべての負債を控除した後の資産に対する残余持分
持分請求権	企業のすべての負債を控除した後の資産に対する残余持分に対する請求権 【具体例】 (a) 企業によって発行された株式 (b) 他の持分請求権の発行義務
異なる持分請求権	保有者に異なる権利の移転 【具体例】 (a) 配当の支払い時：配当 (b) 清算時：払戻金 (c) その他の持分請求権
事業活動	個人企業，パートナーシップ及び信託並びにさまざまな形態の政府事業等の企業によって行われること
法律及び規制上の枠組み	法人企業に適用される枠組みとは異なることも多いこと
持分の定義	すべての企業に適用

(5) 従来の定義との差異

　表4-10のように，従来の資産の定義と比較した場合の新しい概念フレームワーク上の定義との差異は，次のとおりである。

　第1に，従来の定義においては，資産とは，過去の事象の結果として企業が支配し，かつ，将来の経済的便益が当該企業に流入されると期待される資源である，というように，経済的資源と経済的便益とを同一の定義の中に含めていたけれども，新しい定義では，前述のように，両者を明確に分離していることである。

　第2に，上述のように，新しい定義では，将来の経済的便益が当該企業に流入されると「期待される」というような記述を削除し，蓋然性（発生確率）の高低にかかわらず，定義は満たすものとしている。そして，別途蓋然性（発生確率）が低い項目については，認識規準のところで詳述するように，認識を行わない可能性があるようにしていることである。

表 4-10　従来の資産の定義との差異

項　　目	旧概念フレームワーク	新概念フレームワーク
経済的資源と経済的便益	両者を一つの定義で規定	両者を別個に規定
蓋然性の取扱	定義で問題	定義では問題としない。質的特性・認識・測定で問題

(6) 会計単位

　会計上の処理を行うためには，一定の会計処理のための単位が必要となる。この「会計単位」に関して，表 4-11 のように，「会計単位」(unit of accounting) とは，認識規準及び測定概念が適用される権利又は権利のグループ，義務又は義務のグループ又は権利と義務のグループである（par. 4.48）としている。

　そして，「選択される会計単位」に関して，会計単位は，資産又は負債について，認識規準及び測定概念が当該資産又は負債だけでなく，関連する収益及び費用にも，どのように適用されることになるかを考慮する時に選択される。状況によっては，ある会計単位を認識について使用し，異なる会計単位を測定について使用することが適切となる場合がある。例えば，契約の認識は個々に行うが，測定は契約のポートフォリオの一部として行う場合である。表示及び開示のために，資産，負債，収益及び費用は，集約又は内訳項目への分解が必要となる場合がある（par. 4.49）としている。

　この場合，「考えられる会計単位」に関して，これには，以下のものが含まれるとしている。

(a) 個々の権利又は個々の義務

(b) すべての権利，すべての義務，又は例えば，契約等のような単一の源泉から生じるすべての権利及びすべての義務

(c) 当該権利ないし義務のサブグループ－例えば，有形固定資産項目に対する権利のうち，当該項目に対する権利とは耐用年数及び費消パターンが異なるもののサブグループ等

(d) 類似した項目のポートフォリオから生じる権利ないし義務のグループ
(e) 異質の項目のポートフォリオから生じる権利ないし義務のグループ：例えば，単一の取引で処分される予定の資産及び負債のポートフォリオ
(f) 項目のポートフォリオの中のリスク・エクスポージャー：項目のポートフォリオが共通のリスクに晒されている場合には，当該ポートフォリオの会計処理のいくつかの側面は，当該ポートフォリオの中の当該リスクに対する合計エクスポージャーに焦点を当てる場合がある（par.4.55）。

表4-11 会計単位

摘 要	内 容
会計単位	認識及び測定の要求事項が適用される権利・義務又は権利・義務のグループ
具体例	・個々の権利・義務 ・すべての権利・義務 ・当該権利ないし義務のサブグループ ・類似した源泉のポートフォリオから生じる権利・義務のグループ ・異質の項目のポートフォリオから生じる権利・義務のグループ等

❸ 財務業績

(1) 財務業績

① 財務業績

「財務業績としての利益」に関して，利益は，一般に財務業績（経営成績）・投下資本利益率・1株当たり利益等の測定値として用いられるが，この「利益の構成要素」は，次のような収益と費用である。そして，これは，財務業績の計算書（statement of financial performance）すなわち損益計算書や包括利益計算書上で表示される。

概念フレームワーク上，「収益・費用の定義」に関して，表4-12のように，「収益」（income）とは，資産の増加又は負債の減少で，持分請求権の保有者からの拠出に関連するもの以外の持分の増加を生じるものをいう。「費用」

(expenses）とは，資産の減少又は負債の増加で，持分請求権の保有者への分配に関連するもの以外の持分の減少を生じるものをいう（pars.4.68-4.69）としている。このような収益及び費用の定義から，持分請求権の保有者からの拠出は収益ではなく，そして，持分請求権の保有者への分配は費用ではないということになる（par.4.70）。

表4-12　財務業績

FS	表示内容		内　　　　　容
財務業績の計算書	財務業績	収益	資産の増加又は負債の減少で，持分請求権の保有者からの拠出に関連するもの以外の持分の増加を生じるもの
		費用	資産の減少又は負債の増加で，持分請求権の保有者への分配に関連するもの以外の持分の減少を生じるもの

（注）　FS：財務諸表。

　このように，概念フレームワークにおいては，資産負債アプローチに基づいてフローとしての収益費用（それゆえ，その結果としての利益）を，ストックとしての資産負債の増減として定義している。そして，このことによって，利益を資産負債の測定の従属変数とし，利益計算から出来るだけ経営者の判断の余地を排除しようとしている。

② 利　益　観

　このように，概念定義の側面からすると，表4-13のように，計算構造上，利益観（view of earnings）として，資産負債から定義を始め，それらの変動として収益費用を定義するという「連繋観[6]」に基づく「資産負債アプローチ」を採用している。と同時に，経済的便益の流入の期待というような蓋然性を排除することによって，縛りの緩い概念フレームワークとすることで，原価主義会計というよりも公正価値会計等の時価会計に親和的な定義としている。

表4-13 定義から見るIASB概念フレームワークの特徴

摘　要	内　　　　　容
利　益　観	連繋観に基づく資産負債アプローチ
連　繋　観	共通の勘定及び測定値を基礎とした損益計算書（財務業績の計算書）と貸借対照表（財政状態計算書）との間に有機的な相互関係があるという考え方をいう。そして，この連繋した財務諸表においては，資本取引を除き，利益は持分の増加をもたらし，また反対に，持分の増加は利益として表れるもの
資産負債アプローチ	利益を資産・負債の増減と考え，資産負債から定義を始め，それらの変動として収益費用を定義するもの

　なお，表4-14のように，利益観には，損益計算書と貸借対照表とが有機的に結合する「連繋観」と，そうではない「非連繋観」とがある。そして，前者については，さらに，収益費用から定義を始める「収益費用アプローチ」（revenue expensive view：REV）と資産負債から定義を始める「資産負債アプローチ」（asset liability view：ALV）とがある。なお，IASBは，基本的に後者の資産負債アプローチを採用していると一般にいわれている。

表4-14　利　益　観

利益観	(1)　連繋観	収益費用アプローチ（REV）＊1
		資産負債アプローチ（ALV）＊2
	(2)　非連繋観	－

＊1：「収益費用中心観」とも呼ばれる。
＊2：「資産負債中心観」とも呼ばれる。

　そして，前述のように，収益及び費用は，企業の財務業績に関連する財務諸表の構成要素である。財務諸表の利用者は，企業の財政状態と財務業績の両方に関する情報を必要としている。したがって，収益及び費用は，資産及び負債の変動によって定義されているが，収益及び費用に関する情報は資産及び負債の提供する情報と同等に重要である（par.4.71）として，IASBは，利益観としては資産負債アプローチを採用しているけれども，財務情報としては，財務業績と財政状態の両方の情報が重要であるとしている。

この場合，異なる取引及びその他の事象は，異なる性質の収益及び費用を生じさせる。異なる性質の収益及び費用について別個の情報を提供することは，財務諸表の利用者が当該企業の財務業績を理解することを支援しうる（par.4.72）として，類似した取引や事象については，同様な処理をすると同時に，異なる取引や事象については，異なる処理をすることが重要であることを示している。

③ 利益の定義の考え方

利益の定義の考え方に関しては，表4-15のように，財務会計上どのような利益[7]を計算するのかを積極的に明示する「利益定義アプローチ」と収益費用や資産負債の変動の結果として利益が生じるものとして，積極的に利益の定義を行わない「利益無定義アプローチ」とがある。前者はわが国の考え方であり，後者はIASBの考え方である。

表4-15 利益の定義の考え方

アプローチ	内容	例
利益定義アプローチ	財務会計上どのような利益を計算するのかを積極的に明示するアプローチ	ASBJ
利益無定義アプローチ	収益費用や資産負債の変動の結果として利益が生じるものとして，積極的に利益の定義を行わないアプローチ	IASB

（注） ASBJ：Accounting Standards Board of Japan，企業会計基準委員会。

(2) 契約上の権利・義務の実質

「契約上の権利・義務の実質」に関して，表4-16のように，契約の条件は，企業にとって権利及び義務を創出する。それらの権利及び義務を忠実に表現するために，財務諸表はそれらの実質（substance）を報告する。場合によっては，権利及び義務の実質は契約の構造から明瞭である。他の場合には，契約，契約グループ又は一連の契約の条件が，権利及び義務の実質を識別するために分析を要するものである場合もある（par.4.59）。

表4-16 契約上の権利・義務の実質

摘　　要	内　　　　容
経済的実質の報告	権利及び義務を忠実に表現するために，財務諸表はそれらの経済的実質を報告
すべての契約条件	契約におけるすべての条件の考慮
黙示的な条件	例えば，法律で課されている義務
実質がない契約条件	(a) どの当事者も拘束しない条件 (b) 保有者が行使する実際上の能力を有さない，オプションを含む，権利
契約グループの実質の報告	契約の実質を報告するために，契約グループ又は一連の契約を全体として扱うことが必要 【具体例】 ある契約における権利及び義務が，同時に締結された同一の相手方との別の契約における権利及び義務を全体として無効にする場合 → 組み合わせた後の効果としては，権利も義務も不存在
単一の契約の実質の報告	契約の実質を報告するために，一つの契約を，それぞれ別個の契約から生じたものであるかのように会計処理することが必要 【具体例】 単一の契約が権利及び義務の複数のセットを創出し，それらが，それぞれのセットが別々の契約を通じて創出されたとした場合と同一となる場合 → 権利及び義務を忠実に表現するために，それぞれのセットを別個に会計処理

　また，「契約条件の考慮」に関して，それが明示的であれ，黙示的であれ，契約におけるすべての条件が，実質がない場合を除き，考慮される。黙示的な条件には，例えば，顧客への商品の販売に関する契約を行う企業に課される法定の製品保証義務などのように，法律で課されている義務が含まれる可能性がある (par.4.60)。

　そして，「実質がない契約」に関して，これは無視される。契約の経済的実質に対しての見分けのつく影響がない場合には，契約条件は実質がない。このような実質がない契約条件には，例えば，以下のものが含まれる可能性がある

(par.4.61)。
 (a) どの当事者も拘束しない条件
 (b) どのような状況の下においも，保有者が行使する実際上の能力を有さない，オプションを含む，権利

 契約グループ又は一連の契約が，全体的な商業的な効果を達成するか又は達成するように設計されている場合がある。こうした契約の実質を報告するために，当該契約グループ又は一連の契約から生じる権利及び義務を単一の会計単位として扱うことが必要な場合がある。例えば，ある契約における権利又は義務が，同時に締結された同一の相手方との別の契約における権利又は義務を全体として無効にする場合には，組み合わせた効果としては，当該二つの契約は，権利も義務も生じさせない。逆に，単一の契約が権利又は義務の複数のセットを創出し，それらが，それぞれのセットが複数の別々の契約を通じて創出されたとした場合と同一となる場合には，企業は，権利及び義務を忠実に表現するために，それぞれのセットを別個の契約から生じたものであるかのように会計処理する必要があるかもしれない（par.4.62）としている。

〔注〕
 1) 例えば，繰延資産のように，それが財産性を有しないにもかかわらず，動態論に基づく適正な期間損益計算の観点から，経過的に資産としての貸借対照表能力を与えられた借方項目のことである。
 2) これは，資本を先に確定し，残りを負債とするというアプローチのことである。
 3) これは，持分ないし資本ではなく，負債を先に確定し，残りを持分や資本するというアプローチのことである。
 4) 連結財務諸表の作成上，投資と資本の相殺消去によって，消去される。
 5) このような義務の例としては，例えば，不確実な将来の事象が発生した場合に経済的な資源を移転するために待機する義務（「待機義務」）がある。
 6) 連繋観とは，共通の勘定及び測定値を基礎とした損益計算書（財務業績の計算書）と貸借対照表（財政状態計算書）との間に有機的な相互関係があるという考え方をいう。そして，この連繋した財務諸表においては，資本取引を除き，利益は持分の増加をもたらし，また反対に，持分の増加は利益として表れる。
 7) 例えば，リスクから解放された利益ないし実現利益を計算するというもの。

第5章　認識及び認識の中止

1　財務諸表項目の認識

(1)　認識及び認識の中止の概要

IASBの概念フレームワーク上，第5章「認識及び認識の中止」では，表5-1のような内容を規定している。

表5-1　第5章「認識及び認識の中止」の規定内容

> (1)　認識プロセス
> (2)　認識規準
> 　　① 目的適合性
> 　　② 忠実な表現
> (3)　認識の中止

（出所）　IASB[2018a]p.4，番号は著者が挿入。

概念フレームワーク上「認識」に関する主な内容として，認識規準として，財務諸表の構成要素の定義を満たす資産等の項目について，目的適合性があり，忠実な表現ができる場合に，それを認識するとしている。ただし，この場合コスト制約がある。

以下では，これらについて順に解説していくこととする。

(2)　認識の意義

ここでは，会計の計算構造上，その中心的な問題の一つである認識について見ていくこととする。この認識規準及び測定基準が会計の計算構造の具体的な大枠を決める。この認識規準は，計算構造上，財務諸表の構成要素の計上時期に関連するが，IASBの概念フレームワーク上，「認識」とは，図5-1のよう

に，ある項目を財務諸表上いつ計上するのかということであり，財務諸表の構成要素の定義を満たすことを前提として，認識規準を満たす項目を，財政状態計算書又は財務業績の計算書に組み入れるプロセスのことである。そして，この認識には，当該項目を言語と貨幣金額によって描写することと，その金額を財政状態計算書や財務業績の計算書の合計に含めることを伴う（par.5.1）としている。

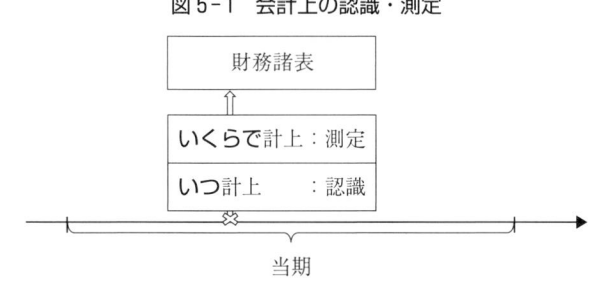

図5-1　会計上の認識・測定

表5-2　認　　　識

摘　要	内　　　　　容
位置付け	認識規準は，測定基準と共に，会計の計算構造の具体的な大枠を決めるものであること
認 識 規 準	計算構造上，財務諸表の構成要素の計上時期に関連するもの
認識の意義	・ある項目をいつ財務諸表上に計上するのかということ ・財務諸表の構成要素の定義を満たすことを前提として，認識規準を満たす項目を，財政状態計算書又は財務業績の計算書に組み入れるプロセスのこと ・当該項目を言語と貨幣金額によって描写すること ・その金額を財政状態計算書や財務業績の計算書の合計に含めること
注 意 事 項	定義及び認識規準を満たす項目は，必ず財政状態計算書又は財務業績の計算書という財務諸表に計上しなければならないこと

　また，表5-2のように，「認識と財務諸表の関係」に関して，財政状態計算書及び財務業績の計算書は，企業の認識された資産，負債，持分，収益及び費用を，財務情報が比較可能で理解可能であることを意図した構造化された要約

第5章　認識及び認識の中止

の中で描写している。この要約の構造の重要な特徴は，計算書に認識された金額が，当該計算書上で認識された項目を関連付ける合計及び（該当がある場合には）小計に含められることである（par.5.2）として，財務諸表はその構成要素を比較可能で，理解可能であるように，一定の形式で要約・表示しており，認識された項目の金額は，財務諸表の合計ないし小計に含められるとしている。

なお，定義及び認識規準を満たす項目は，必ず財政状態計算書又は財務業績の計算書という財務諸表に計上しなければならず，注記等で代替することはできない。

(3) 財務諸表間の連繋

① 財務諸表間の連繋

周知のとおり，IASBの概念フレームワークにおいては，利益観として「連繋観」による「資産負債アプローチ」が採用されているといわれている。このことを概念フレームワーク上では，図5-2のように，明確に簿記的，計算数値的ないし等式的な形で説明を行っている。

図5-2　どのように認識が財務諸表の構成要素に連繋するのか

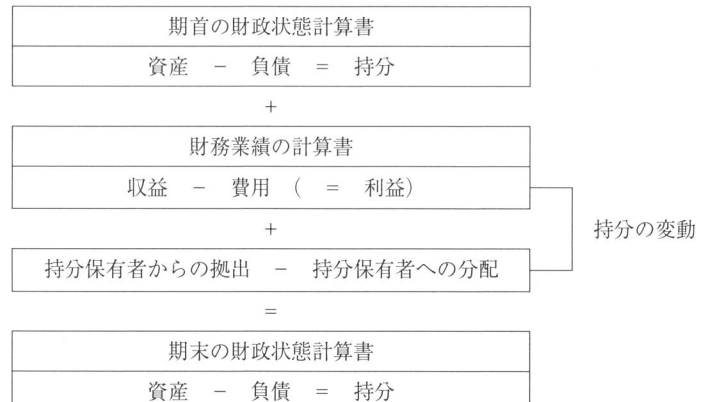

（出所）　IASB[2018a]par.5.3（括弧内は著者挿入。また，用語を数式に変更している）。

会計上の認識は，次のような形で，財務諸表の構成要素，財政状態計算書及び財務業績の計算書を連繫させる。すなわち，⑦ある報告期間の期首・期末における財政状態計算書において，「資産合計」マイナス「負債合計」は「持分合計」であり，④当該報告期間中の認識された持分の変動は，①財務業績の計算書上で認識された「収益」マイナス「費用」，プラス，②持分請求権の保有者からの「拠出」マイナス持分請求権の保有者への「分配」の金額である（par.5.3）。

このように，前述の財務諸表の構成要素である資産等の定義と共に，財政状態計算書と財務業績の計算書との間の連繫関係を示すことによって，IASBの概念フレームワークでは，「連繫観」に基づく「資産負債アプローチ」を採用していることを示している。この場合，財政状態計算書上の持分の増減は，資本取引を除き，財務業績の計算書上の利益の金額であり，かつその利益は，資産負債アプローチを採用するIASBの考え方からすれば，理論的には伝統的な収益費用アプローチに基づく「純利益」ではなく，資産負債アプローチに基づく「包括利益」である。ただし，概念フレームワーク上，「包括利益」という用語は示されていない。

② 計算書間の関連付けと費用収益対応の考え方

「計算書間の関連付けと費用収益対応の考え方」に関して，前述のような計算書間の関連付けが生じるのは，ある構成要素（又は帳簿価額の変動）の認識が，一つ以上の他の構成要素（又は一つ以上の他の項目の帳簿価額の変動）としての認識又は認識の中止を必要とするからである。例えば，

　(a)　収益の認識は，次のものと同時に生じる。
　　(i)　資産の当初認識，又は資産の帳簿価額の増加，ないし
　　(ii)　負債の認識の中止，又は負債の帳簿価額の減少
　(b)　費用の認識は，次のものと同時に生じる。
　　(i)　負債の当初認識，又は負債の帳簿価額の増加，ないし
　　(ii)　資産の認識の中止，又は資産の帳簿価額の減少（par.5.4）

そして，取引又はその他の事象から生じる資産又は負債の当初認識は，収益

及び関連する費用の両方の同時の認識を生じさせることがある。例えば，現金での財の販売は，収益（現金という資産の認識からの）と費用（売却した財という他の資産の認識の中止からの）の両方の認識を生じる。収益及び関連する費用の同時の認識は，原価と収益の対応（マッチング）と呼ばれることがある。本概念フレームワークにおける諸概念の適用は，資産及び負債の変動の認識から生じる場合には，こうしたマッチングにつながる。しかし，原価と収益の対応は，本概念フレームワークの目的ではない。本概念フレームワークは，資産，負債又は持分の定義を満たさない項目を財政状態計算書に認識することを認めるものではない（par.5.5）として，IASBも「費用収益対応」の考え方を容認している。ただし，図5-3のように，IASBは資産負債アプローチを採用するので，従来の収益費用アプローチのように，無条件にそれを容認するのではなく，この考え方は，資産又は負債の定義を満たさない項目を財政状態計算書に認識することを認めるものではない，という限定が付くことを明示している。

図5-3 IASBのマッチング（費用収益対応）の考え方

・費用収益の対応の容認
・【限定】 ただし，資産負債アプローチを採用するので，資産又は負債の定義を満たさない項目を財政状態計算書に認識することを認めるものではないこと

(4) 認 識 規 準
① 認識規準の比較

次に，具体的なIASBの認識規準に関して，表5-3のように，財務諸表の目的として意思決定目的と同時に受託責任目的も掲げていた従来の1989年概念フレームワークでは，受託責任目的も重視して財務諸表の構成要素の定義を満たすことを前提として，蓋然性及び測定の信頼性という認識規準を満たすことを要求するという「限定認識アプローチ」を採用していた。

表 5-3 認 識 規 準

摘要	旧概念フレームワーク	新概念フレームワーク
会計目的	意思決定目的と受託責任目的を同様に重視	（基本目的としての）意思決定目的
認識規準	・資産負債等の定義の充足（前提） ・資産負債に関連する将来の経済的便益が当該企業に流入・流出する可能性が高いこと（蓋然性），かつ ・当該資産負債が信頼性を持って測定できる原価又は価値を有していること（測定の信頼性） （限定認識アプローチ）	・資産負債等の定義の充足（前提） ・質的特性等として 　・目的適合性 　・忠実な表現及び 　・コスト制約（制約） （限定認識アプローチ）

（出所）IASC [1989a], IASB [2018a] を参照して著者作成。

　これに対して，新しい2018年概念フレームワークでは，前述のように，財務報告の基本目的として意思決定目的のみを重視するので，認識規準として，従来の「蓋然性」と「測定の信頼性」という二つの要件を削除し，表5-4のように，限定認識アプローチに基づき，財務諸表の構成要素の定義を満たすことを前提として，新たに財務情報の有用性の観点から，財務情報の（基本的）質的特性として「目的適合性」と「忠実な表現」及びそれへの制約としての「コスト制約」という三つのものを明示し，これらを満たすものは，原則としてすべて計上するものとし，認識規準を緩めている（pars.5.6-5.8）。

表 5-4 認　　識

認		識
前　　提	認識規準	制　約
財務諸表の構成要素の定義を満たすこと	① 目的適合性 ② 忠実な表現	コスト制約

　そこで，以下では，これらの内容についてもう少し詳細に説明していくこととする。

② 認識の前提

まず「認識の前提」に関して，概念フレームワークでは，資産，負債又は持分の定義を満たす項目のみが財政状態計算書に認識される。同様に，収益又は費用の定義を満たす項目のみが財務業績の計算書に認識される。しかし，これらの項目の一つの定義を満たすすべての項目が認識されるということではない（par.5.6）として，表5-5のように，財務情報は財務諸表の構成要素の定義を満たさなければならないが，これを満たす全ての項目が認識されるのではなく，この他に後述の認識規準を満たすことが必要であることを示している。

表5-5　認識の前提

認識の前提	財務諸表の構成要素の定義を満たすこと

すなわち，財務諸表の構成要素の一つの定義を満たす項目を認識しないと，財政状態計算書及び財務業績の計算書の完全性が低下し，有用な情報を財務諸表から除外する可能性がある。他方，状況によっては，構成要素の一つの定義を満たす（が，認識基準を満たさない）項目を認識することは，有用でない情報を提供する可能性がある（par.5.7）として，財務諸表項目の認識には，その前提として，財務諸表の構成要素の定義を満たすことが必要である。この場合，定義を満たす項目を認識しないと財務諸表の有用性が低下すると同時に，反対に，認識規準を満たさない項目を認識することは，有用性が低下することとなることを示している。

③　認　識　規　準

IASBは，財務諸表の構成要素の具体的な「認識規準」として，次のようなものを示している。

資産又は負債及びそれから生じる収益，費用又は持分の変動の認識が財務諸表の利用者に有用な情報を提供する場合のみ，資産又は負債は認識される。

この場合，「有用な情報」とは，次の両方の要件を満たすものである。

(a) 資産又は負債及びそれから生じる収益，費用又は持分の変動に関する目的適合性のある情報で（「目的適合性」），かつ

(b) 資産又は負債及びそれから生じる収益，費用又は持分の変動に関する忠実な表現である情報（「忠実な表現」）（par.5.7）。

表5-6 認 識 規 準

認識規準	次の両方の要件を満たすこと ① 目的適合性 ② 忠実な表現

このように，IASBは，資産等の項目が，財務諸表の構成要素の定義を満たすことを前提として，目的適合性があり，忠実な表現ができるという有用性の要件を満たす場合のみ，その項目を認識するとしている。

④ コスト制約

上述の「認識に対する制約」に関して，表5-7のように，IASBは，次のような「コスト制約」を考えている。

コストが他の財務報告の決定を制約するのと同様に，コストは認識の決定も制約する。資産又は負債の認識にはコストがかかる。財務諸表作成者には，資産又は負債の目的適合性のある測定値の入手の際にコストが生じる。財務諸表利用者にも，提供された情報の分析及び解釈の際にコストが生じる。場合によっては，認識するコストが便益を上回ることがある（par.5.8）として，認識に関してもコスト制約があることを示している。

この場合，資産又は負債の認識が，便益を超えないコストで，財務諸表利用者に有用な情報を提供するのかを厳密に定義することは可能ではない。何が利用者にとって有用なのかは，当該項目，事実及び状況によって決まる。したがって，ある項目を認識すべきかどうかを決定する際には判断が必要となり，それゆえ，認識の要求事項を基準間で異なるものとする必要があろう（par.5.9）としている。

第5章　認識及び認識の中止

表5-7　コスト制約

摘　　要	内　　　　容
認　識　制　約	コスト制約
財務諸表作成者	目的適合性のある測定値の入手コスト等
利　　用　　者	財務諸表の分析・解釈コスト
制　　　　約	便益　＞　コスト
会計基準開発時	有用性はその項目・事実・状況等によって異なること

⑤　目的適合性と目的適合性の欠如

(a)　目的適合性と目的適合性の欠如

「目的適合性と目的適合性の欠如」に関して，表5-8のように，IASBは認識規準の一つである目的適合性について，次のように規定している。

　資産，負債，持分，収益及び費用に関する情報は，財務諸表利用者にとって目的適合性がある。しかし，特定の資産，負債及びその結果として生じる収益，費用又は持分の変動の認識は，必ずしも常に目的適合性のある情報を提供しないであろう。そのようなケースとして，例えば，次のようなものがある。

(a)　資産又は負債が存在するか否か，不確実である場合（「存在の不確実性」）

(b)　資産又は負債が存在するが，経済的便益の流入又は流出の蓋然性が低い場合（「蓋然性の低さ」）(par.5.12)。

表5-8　目的適合性の欠如の観点から認識しないケース

①	存在の不確実性	資産又は負債が存在するか否か，不確実である場合
②	蓋然性の低さ	資産又は負債が存在するが，経済的便益の流入又は流出の蓋然性が低い場合

　このように，IASBは概念フレームワーク上，資産等の財務諸表の構成要素は基本的に目的適合性があるとしている。ただし，目的適合性のある情報それゆえ有用な情報を提供しえないケースとして，(a)資産等の存在が不確実な場合（「存在の不確実性」）や，(b)経済的便益の流入又は流出の蓋然性が低い場合（「蓋

然性の低さ」)を示している。

　なお,これに関する注意点として,上記のケースの一方又は両方が存在しているということが,認識によって提供される情報が目的適合性を欠くという結論を自動的に導かない,ということである。上述のもの以外の要因[1]もまた,結論に影響を及ぼすであろう。それは諸要因の組合せであり,認識が目的適合性のある情報を提供するか否かを決定する単一の要因はないであろう(par.5.13)として,項目の存在の不確実性や経済的便益の流出入の蓋然性の低さが自動的に目的適合性を欠くということにはならず,他の要素を加味して結論することの必要性を示している。

　(b) 蓋　然　性

　概念フレームワーク上,不確実性の取扱いについて,従来のように,財務諸表の構成要素の定義や認識規準ではなく,新しく測定等で取り扱うという新しいアプローチが採用されている。これに伴って,将来の発生の予測についても,従来の最も発生確率の高い最頻値を見積もるという「最頻値法」から複数の発生シナリオを予想し,それぞれのものに発生確率を乗じて計算するという「期待値法」へと移行しつつある。

⑥　存在の不確実性

　認識を行わないケースとしての「存在の不確実性」に関して,経済的便益の流入又は流出の蓋然性の低さと,例外的に広範な結果となる可能性とが複合した不確実性の場合には,単一の金額で必ずしも測定されない資産又は負債を認識することは,目的適合性のある情報を提供しないであろう。このような場合には,資産又は負債が認識されるか否かに関わらず,それに付随する不確実性についての説明情報が財務諸表上で提供される必要があろう(par.5.14)。

⑦　経済的便益の流入又は流出の蓋然性の低さ

　また,他の認識を行わないケースとしての「経済的便益の流入又は流出の蓋然性の低さ」に関して,表5-9のように,資産又は負債が,たとえ経済的便益の流入又は流出の蓋然性が低い場合であっても存在する場合がある(par.5.15)。

このような場合には，当該資産又は負債についての最も目的適合性のある情報は，可能な流入又は流出の程度，それらの可能な時期及びそれらの発生の蓋然性に影響を及ぼす要素に関する情報であろう。そのような情報についての典型的な表示場所は注記である（par.5.16）。

表 5-9　蓋然性の低さ

摘　　要	内　　　　　容
立　　場	蓋然性が低くても資産負債の存在の可能性
蓋然性の低い場合の情報	・可能な流入又は流出の程度 ・時期 ・発生の蓋然性に影響を及ぼす要素に関する情報等
場　　所	注記等

このような経済的便益の流入又は流出の蓋然性が低い場合においてさえ，資産又は負債の認識は，目的適合性のある情報を提供するであろう。それに該当するかどうかは多くの要因に依存するであろう。例えば，次のような場合である。

(a) 市場条件での交換取引において資産が取得され又は負債が発生する場合には，そのコストは，一般に経済的便益の流入又は流出の蓋然性を反映する。それゆえ，そのコストは，目的適合性のある情報であり，一般に既に利用可能である。さらに，資産又は負債を認識しないことは，当該交換時の費用又は収益の認識をもたらし，それは当該取引の忠実な表現ではないであろう。

(b) 非交換取引における事象から資産又は負債が生じる場合には，資産又は負債の認識は，典型的に収益又は費用の認識をもたらすであろう。当該資産又は負債が経済的便益の流入又は流出をもたらす蓋然性が低い場合には，財務諸表の利用者は，当該資産及び収益又は負債及び費用の認識は目的適合性のある情報を提供するものとみなさないであろう（par.5.17）としている。

⑧ 測定の不確実性

「測定の不確実性」(measurement uncertainty) に関して，資産又は負債が認識されるためには，それは測定されなければならない。多くの場合，そのような測定は見積りをしなければならず，それゆえ測定の不確実性に晒される。合理的な見積りの使用は，財務情報の作成の不可欠な一部であり，見積りが明確かつ正確に記述され，説明されている場合には，当該情報の有用性を必ずしも損なうものではない。測定の不確実性が高くても，必ずしもそのような見積りが有用な情報を提供することを防げるものではない（par.5.19）。

なお，例外として，目的適合性や忠実な表現との関係において，限定された状況の下においては，目的適合性のある情報ないし忠実な表現をもたらしえないので，上記の認識規準を満たさない可能性があるものとして，表5-10のようなものを挙げている（pars.5.14-5.22）。

表5-10　目的適合性ないし忠実な表現をもたらさない可能性のあるもの

① 存在の不確実性	資産負債の存在について不確実な場合
② 経済的便益の流出入の蓋然性の低さ	資産負債が存在しても，経済的便益の流出入の可能性が低い場合
③ 測定の不確実性	資産負債の測定値を入手可能であるが，測定の不確実性が非常に高いために目的適合性がほとんどなく，他の目的適合性がある測定値が利用できない場合

（出所）　IASB[2018a]pars.5.14-5.22を参照して著者作成。

なお，「コスト制約」に関して，IASBは，認識によって財務諸表の利用者へ提供される情報の便益が，当該情報を提供し，利用するコストを正当化し得ると予想される場合のみ，資産又は負債は認識される（par.5.8）としている。

⑨ 認識規準の体系

以上のように，認識規準に関しては，財務諸表の構成要素の定義を満たすことを前提とするということでは，新旧の概念フレームワークにおいて共通するけれども，具体的な認識規準については，両者は，質的に大きく異なっており，また認識規準としては，従来の「蓋然性」と「測定の信頼性」という二つの要

件を削除しているので，従来と比較して，より緩やかなものとなっている。同時に，財務情報の質的特性は，単なる財務情報における質的特性ではなくて，認識規準として実質的に機能するものへと変容している。

以上のことをまとめると，図5-4のとおりである。

図5-4　IASB概念フレームワークの認識規準の体系

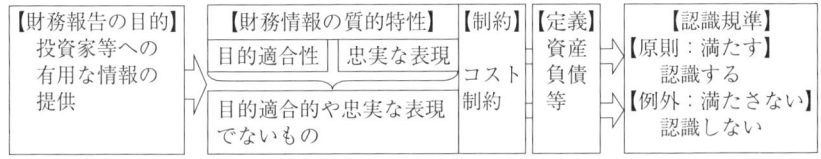

（出所）　岩崎[2014b]20頁（一部変更）。

⑩　新しい概念フレームワークでの認識規準の考え方

それゆえ，IASBの新しい概念フレームワークでは，図5-5のように，大枠としては概念フレームワーク上の認識規準を緩めに設定し，個別の項目について個別の会計基準等で，それぞれの状況に応じてより詳細な認識規準を決定していくというアプローチを採用している，と考えられる。

図5-5　新しい概念フレームワークでの認識規準の考え方

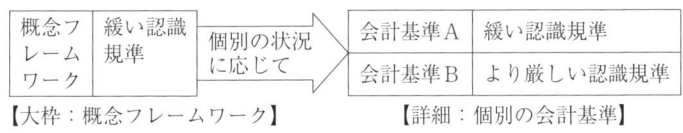

【大枠：概念フレームワーク】　　　　　【詳細：個別の会計基準】

このように，IASBは，認識規準として蓋然性と信頼性を削除する一方で，財務情報の質的特性等を追加した新たな限定認識アプローチによって，個々の会計基準レベルにおいては，財務諸表の構成要素の項目の属性等を考慮する仕組みとしている。すなわち，個別の会計基準レベルにおいて歴史的原価測定値項目と現在価額測定値項目とに認識規準を分離するようにしている。

⑪　その他の要素

認識される資産，負債，持分，収益及び費用の忠実な表現には，当該項目の

認識のみならず，測定やそれについての情報の表示及び開示も含まれる（par.5.24）。

したがって，資産又は負債の認識が当該資産又は負債の忠実な表現を提供できるかどうかを評価する際には，財政状態計算書の本体での科目及び測定だけではなく，以下のことも考慮することが必要である（par.5.25）。

(a) 結果として生じる収益，費用及び持分の変動の描写：例えば，企業が資産を対価と交換に取得する場会には，当該資産を認識しないと，費用の認識を生じて，企業の純利益及び持分を減少させることとなる。場合によっては，例えば，企業が当該資産を直ちに消費しない場合には，その結果が，企業の財政状態が悪化しているという誤解を招く表現を提供する可能性がある。

(b) 関連する資産及び負債が認識されるかどうか。それらが認識されない場合には，認識が認識の一貫性の欠如（会計上のミスマッチ）を生じる可能性がある。たとえ説明的情報を注記において提供するとしても，当該資産又は負債を生じさせる取引又は他の事象の全体的な影響の理解可能性又は忠実な表現を提供しない恐れがある。

(c) 資産又は負債及びそれによって生じる収益，費用又は持分の変動に関する情報の表示及び開示：完全な描写には，描写しようとしている経済現象を財務諸表の利用者が理解するために必要なすべての情報（すべての必要な記述及び説明を含む）が含まれる。したがって，関連する情報の表示及び開示により，認識された金額が資産，負債，持分，収益又は費用の忠実な表現の一部を構成できるようになる。

❷ 財務諸表項目の認識の中止

新しい概念フレームワークでは，表5-11のように，IASBの概念フレームワーク上初めて「認識の中止」について規定を行っている。

「認識の中止」（derecognition）とは，表5-12のように，企業の財政状態計算

書から認識された資産又は負債の全部又は一部を除去することである。この認識の中止は，次のように，その項目がもはや資産や負債の定義を満たさなくなった時に通常生じる。すなわち，(a)資産については，認識の中止は，通常，当該企業が認識された資産の全部又は一部の支配を失った時に生じ，(b)負債については，認識の中止は，通常，当該企業が認識された負債の全部又は一部について現在の義務をもはや負わなくなった時に生じる（par.5.26）。

表5-11　概念フレームワーク上の認識の中止の規定

摘要	旧概念フレームワーク	新概念フレームワーク
認識の中止	規定なし	（構成要素アプローチに基づき）完全な認識の中止*1，部分的認識の中止*2

*1　完全な認識の中止は，原初の資産（又は負債）を全て認識中止する方法である。
*2　部分的認識の中止は，残っている原初資産（又は負債）の部分を引き続き認識し，残っていない資産（又は負債）の部分を認識の中止するものである。
（出所）　IASB[2010][2018a]を参照して著者作成。

表5-12　認識の中止

摘要	内　　　　容
意　義	企業の財政状態計算書から認識された資産や負債の全部又は一部を除去すること
発　生	【資産や負債の定義を満たさなくなった時】 (a)【資産】当該企業が認識された資産の全部又は一部の支配を失った時 (b)【負債】当該企業が認識された負債の全部又は一部について現在の義務をもはや負わなくなった時
目　的	【次の状況を忠実に表現すること】 (a)（認識の中止の原因となった取引又は他の事象の後に） 　　資産又は負債が残っている場合の保持した資産又は負債の状況，及び (b)　取引又は他の事象の結果として生じた当該企業の資産又は負債の変動の状況

「認識の中止の目的」に関して，認識の中止に関する会計上の要求は，次のことを忠実に表現することを目的とするものである（par.5.27）としている。
(a)　認識の中止の原因となった取引又は他の事象の後に保持した資産又は負債（取引又は他の事象の一部として取得，発生又は創出された資産又は負債を含

む）及び
(b) 当該取引又は他の事象の結果としての企業の資産又は負債の変動。
　　　そして,「目的達成の手段」に関して,上述の目的は,通常次のことによって達成される（par.5.28）としている。
(a) 消滅した,又は消費,回収,履行又は移転がなされた資産又は負債の認識の中止を行い,それにより生じる収益及び費用を認識する。これらの全ての資産及び負債は,「移転した構成部分」(transferred component：TC) と呼ばれる。
(b) 保持した資産又は負債（「保持した構成部分」(retained component：RC))があれば,それを認識し続ける。
　　　この保持した構成部分は,移転した構成部分とは別個の会計単位となる。したがって,移転した構成部分の認識の中止の結果として,保持した構成部分については収益も費用も計上されない。
(c) 上記の目的の一方又は両方を達成するために必要である場合には,一つ以上の次の手続きを適用する。
　　(i) 財政状態計算書上別個に保持した構成部分を表示し,
　　(ii) 移転した構成部分の認識の中止の結果として認識された収益及び費用を財務業績の計算書上別個に表示し,又は
　　(iii) 説明情報を提供する。

〔注〕
1) 例えば,測定時において非常に不確実性が高い場合等の場合である。

第6章　測　　定

1　測定の意義

(1) 測定の概要

IASBの概念フレームワーク上の第6章「測定」では，表6-1のような内容を規定している。

表6-1　第6章「測定」の規定内容

(1) はじめに
(2) 測定基礎
① 歴史的原価
② 現在価額
(3) 特定の測定基礎によって提供される情報
① 歴史的原価
② 現在価額
(4) 測定基礎を選択する際に考慮すべき要因
① 目的適合性
② 忠実な表現
③ 補強的質的特性とコスト制約
④ 当初測定に固有な要素
⑤ 複数の測定基礎
(5) 持分の測定
(6) キャッシュ・フローを基礎とした測定技法

（出所）　IASB[2018a]p.4，番号は著者が挿入。

概念フレームワークでは，測定目的を直接的に規定しておらず，測定は，財務報告全体の目的に寄与するように，整合的に規定されている。また，測定アプローチとしては，従来と同様に，混合測定アプローチを採用し，単一の測定基礎を基礎として測定を行おうとはしていない。それゆえ，「測定基礎」とし

て「複数の測定基礎」(more than one measurement basis) を採用し，その主な内容として，それを大きく歴史的原価と現在価額に分ける2分法を採用している。また，後者をさらに公正価値，使用価値・履行及び現在原価（カレントコスト）に分けている。そして，測定基礎を選択する際に考慮すべき事項として，財務情報の質的特性で示されている目的適合性と忠実な表現等を挙げ，さらにコスト制約を挙げている。

以下では，これらについて順に解説していくこととする。

(2) 測定の意義

ここでは，前述の「認識」と並んで，会計の計算構造のもう一つの中心的な問題である「測定」について見ていくものとする。この測定問題は，計算構造上，資産・負債や収益・費用の計上金額の決定に係ることによって，利益の計上金額に関連し，認識規準と共に，会計上理論的にも実務的にも，最も大きな影響を及ぼすものの一つである。

表6-2　測　　定

摘　要	内　　　　　　　容
測　　定	貨幣による数値化
測定基礎	例えば，次のような測定の基礎ないし属性のこと ・歴史的原価 ・公正価値等

「測定」に関して，表6-2のように，財務諸表上で認識される要素は，貨幣単位で数値化される。これは，測定基礎の選択を要求する。測定基礎は，測定しようとする項目の，例えば，歴史的原価，公正価値又は履行価値というような，識別された特徴である。資産又は負債へ測定基礎を適用することにより，当該資産又は負債及び関連する収益又は費用についての測定値が生み出される（par.6.1）としている。

この場合，有用な財務情報の質的特性及びコスト制約を考慮すると，異なる

第6章 測　　定

資産，負債，収益及び費用について，異なる測定基礎が選択される結果となる可能性が高い（par.6.2）として，資産等の性質に応じて，異なる測定基礎が選択されるとして「混合測定基礎アプローチ」（mixed measurement bases approach：MMBA）を採用している。

　また，「選択された測定基礎の適用の仕方の記述」に関して，基準は，当該基準において選択された測定基礎を，どのように適用すべきかを記述することが必要となるであろう。この記述には，次のことが含まれるであろう。
　(a)　特定の測定基礎を適用して測定値を見積もるのに使用し得るないししなければならない技法の明確化（「技法の明確化」），又は
　(b)　優先的測定基礎によって提供されるのと同様な情報を提供するような簡便的測定アプローチの明確化（「簡便的測定アプローチの明確化」）
　(c)　例えば，当該企業が当該負債を履行しえなくなる蓋然性（自己の信用リスク）の影響を，負債の履行価値から除くことによって，測定基礎をどのように修正するのかの説明（「測定基礎の修正の説明」）（par.6.3）
として，測定基礎の適用に関する記述として，技法の明確化，簡便的測定アプローチの明確化及び測定基礎の修正の説明を示している。

② 測 定 基 礎

(1)　測定基礎アプローチ

　測定基礎に関するアプローチ（「測定基礎アプローチ」）として，従来の概念フレームワークと同様に，前述のように，新しい概念フレームワークにおいても「混合測定基礎アプローチ」を採用している。

(2)　測定基礎の概要

　具体的な「測定基礎」（measurement bases：MB）に関して，表6-3のように，従来の2010年概念フレームワークは「並列列挙法」に基づき，単に測定属性を列挙しているだけであった[1]）。

表6-3 測定基礎の分類法

旧概念フレームワーク*1	新概念フレームワーク*2
並列列挙法	二分法
⑦ 取得原価 ④ 現在原価 ⑨ 実現可能(決済)価額 ④ 現在価値	① 歴史的原価(HC) ② 現在価額(CV) 　⑦ 公正価値*3 (FV) 　④ 使用価値*4／履行価値*5 (VIU／FV) 　⑨ 現在原価(CC)

*1：2010年概念フレームワーク。
*2：2018年概念フレームワーク。
*3：例えば，金融商品等に対して使用される。
*4：使用価値なので，金融商品等の資産には適用されず，基本的には使用資産である固定資産等がその対象になる。例えば，減損会計等で使用される。
*5：例えば，退職給付会計や資産除去債務等の計算上で使用される。
(出所)　IASB[2010][2018a]を参照して著者作成。

　これに対して，新しい2018年概念フレームワークでは，(i)歴史的原価(historical cost：HC)と(ii)現在価額(current value：CV)(⑦公正価値(fair value：FV)，④使用価値／履行価値(value in use：VIU／fulfillment value：FV)，⑨現在原価(current cost：CC))という二つの類型に分ける「二分法」が採用されている(pars.6.4, 6.11)。

　ここでは，メタ基準としての概念フレームワークにおいて，個別の会計基準レベルにおいて使用できる測定基礎を出来るだけ多く規定しておくことを目的としているものと考えられる。また，財務情報の質的特性で信頼性が削除されると共に，認識規準で測定の信頼性が削除された結果として，信頼性が必ずしも高くない「使用価値」やインプット・プライスに属する「現在原価」という測定基礎が概念フレームワーク上新たに明示されてきている。

　この場合，測定基礎の視点に関して，表6-4のように，歴史的原価については取引への参加の視点，現在価額について，公正価値は市場参加者の視点，使用価値／履行価値は企業固有の視点を，それぞれ前提としているとしている[2]。

表6-4 測定基礎の視点

	測定基礎	視 点 ・ 仮 定	測 定 基 礎
測定基礎の視点	歴史的原価	取引への参加の視点	歴史的原価：償却原価等
	現在価額	市場参加者の視点（仮定）	公正価値
		企業固有の視点（仮定）	使用価値（資産），履行価値（負債）

(出所) 岩崎[2016a]128頁。

(3) 測定基礎

以下では，これらの個別的な測定基礎について説明していくこととする。

① 歴史的原価

まず，「歴史的原価」に関して，歴史的原価に基づく測定値は，資産，負債及び関連する収益及び費用に関する貨幣的情報を，それらを創出した取引又は事象から，少なくとも部分的に，導き出された情報を用いて提供する。現在価額と異なって，歴史的原価は，資産の減損や負債が不利になることに関連した変動を除き，価値の変動を反映しない（par.6.4）として，歴史的原価は，取引等によって生じた事象を，貨幣額により記録し，原則として減損等を除き，価値変動を反映させないものである。

また，「歴史的原価の構成内容」に関して，取得又は製造時の資産の歴史的原価は，当該資産を取得又は製造するために支払った対価と取引コストから構成される，当該資産を取得又は製造するために生じたコストの価値である（par.6.5）として，資産を取得又は製造した時の歴史的原価は，その対価額に取引コストを加えた金額であるとしている。

そして，「歴史的原価の修正」に関して，資産の歴史的原価は，該当がある場合には，次のものを描写するために時の経過とともに修正される（par.6.7）。

(a) 当該資産を構成する経済的資源の一部または全部の消費（減価償却又は償却）
(b) 当該資産の一部又は全部を消滅させるために受取った支払額
(c) 当該資産の歴史的原価の一部又は全部がもはや回収可能でないという原

因を生じさせる事象の影響(減損),及び
(d) 当該資産の金利的要素を反映する利息の発生

というように,歴史的原価であっても,減価償却,代金の受取り,減損や利息の発生等で,修正がなされるとしている。ただし,単なる価格変動に関するものは,基本的に修正の対象とならない。

② 現在価額

次に,「現在価額」に関して,現在価額に基づく測定値は,資産,負債及び関連する収益及び費用に関する貨幣的情報を,測定日現在の状況を反映するように更新された情報を使用して提供する。この更新により,資産及び負債の現在価額は,前回の測定日以降の,当該現在価額に含まれているキャッシュ・フローの見積り及び他の要因の変動を反映する。歴史的原価と異なって,資産又は負債の現在価額は,当該資産又は負債を生じさせた取引又は他の事象の価格から,部分的にも生じない(par.6.10)として,現在価額は,期末日現在の状況を反映するように評価替えを行った情報を提供する。この評価替えにより,その時点のキャッシュ・フローの見積り等の変動を反映するとしている。

そして,「現在価額の具体的内容」に関して,この現在価額測定基礎には,次のものを含む(par.6.11),

(a) 公正価値
(b) 資産についての使用価値及び負債についての履行価値
(c) 現在原価(カレントコスト)

として,現在価額には,公正価値,使用価値・履行価値及び現在原価が含まれるとしている。

ここで,「公正価値の意義と内容」に関して,「公正価値」(FV)とは,測定日現在で,市場参加者間の秩序ある取引において,資産を売却するために受取るであろう価格又は負債を移転するために支払うであろう価格である(par.6.12)。公正価値は,当該企業がアクセスした市場の市場参加者の観点を反映する。資産又は負債は,市場参加者が自らの経済的利益が最大になるよ

うに行動する場合に資産又は負債の価格付けを行う際に使用するであろう仮定と同じ仮定を用いて測定される（par.6.13）としている。

また，「公正価値の決定」に関して，ある場合には，公正価値は活発な市場における観察可能な価格によって直接的に決定できる。他の場合には，次のすべての要因を反映した，例えば，「キャッシュ・フローを基礎とした測定技法」のような測定技法を用いて間接的に決定される（par.6.14）。

(a) 将来キャッシュ・フローの見積り
(b) 測定の対象とする資産又は負債に係る将来キャッシュ・フローの金額及び時期の見積りについて生じ得る変動（キャッシュ・フローに固有の不確実性を原因とするもの）
(c) 貨幣の時間価値
(d) キャッシュ・フローに固有の不確実性の負担に対する価格（すなわち，リスク・プレミアム又はリスク・ディスカウント）。当該不確実性の負担に対する価格は，その不確実性の程度に依存する。それは，投資者が一般に，キャッシュ・フローが不確実な資産（負債）に対しては，キャッシュ・フローが確実なものよりも，支払を少なくする（一般に，負債の引受については多く受け取ることを期待する）という事実も反映する。
(e) 市場参加者がその状況において考慮に入れるであろう他の要因，例えば，流動性。

表6-5　キャッシュ・フローを基礎とした測定技法で考慮すべき要因

(a) 将来キャッシュ・フローの見積り
(b) 測定対象の資産・負債に係る将来キャッシュ・フローの金額及び時期の見積りについて生じ得る変動
(c) 貨幣の時間価値
(d) キャッシュ・フローに固有の不確実性の負担に対する価格
(e) 市場参加者が考慮する他の要因，例えば，流動性

他方，「使用価値，履行価値及び現在原価の意義」に関して，「使用価値」（VIU）とは，資産の使用とその最終的な処分から得られると見込まれるキャッ

シュ・フロー又はその他の経済的便益の現在価値である。また,「履行価値」（FV）とは,負債の履行時に移転しなければならないと見積もられるキャッシュ又はその他の経済的資源の現在価値である（par.6.17）。そして,資産の「現在原価」（CC）とは,測定日において支払わなければならない対価とその日において発生するであろう取引コストからなる,測定日における同等の資産のコストである（par.6.21）としている。

(4) 蓋然性

概念フレームワーク上,不確実性の取扱いについて,従来のように,財務諸表の構成要素の定義や認識規準ではなく,新しく測定等で取り扱うという新しいアプローチが採用されている。これに伴って,将来のキャッシュ・フロー等の予測についても,従来の最も発生確率の高い最頻値を見積もるという「最頻値法」から複数の発生シナリオを予想し,それぞれのものに発生確率を乗じて計算するという「期待値法」へと移行しつつある。

❸ 特定の測定基礎によって提供される情報

(1) 概　　要

「特定の測定基礎によって提供される情報」に関して,測定基礎の選択に際して,測定基礎が財政状態計算書と財務業績の計算書の両方に生じさせる情報の性質を考慮することが大切である（par.6.23）として,歴史的原価と現在価額という測定基礎が財務諸表上にどのような情報を生じさせるのかについて考慮して測定基礎を選択しなければならないとしている。

(2) 歴史的原価

資産又は負債を歴史的原価で測定することによって提供される情報は,財務諸表の利用者に目的適合性があろう,というのは,歴史的原価は当該資産又は負債を生じさせた取引又は他の事象の価格から,少なくとも一部は,生じた情

第6章 測　　定

報を使用するからである（par.6.24）として，歴史的原価は取引等の価格を基礎としているので，目的適合性があるとしている。

(3)　現在価額
①　公正価値

　資産及び負債を公正価値で測定することによって提供される情報は，予測価値を持つ可能性がある，というのは，公正価値は，将来キャッシュ・フローの金額，時期及び不確実性に関する市場参加者の現在の予想を反映するからである。この予想は，市場参加者の現在のリスク選好を反映する形で価格づけられる。この情報はまた，従前の予想に関するもののフィードバックを提供することによって確認価値も有する可能性がある。市場参加者の現在の予想を反映した収益及び費用は，ある程度の予測価値を有するであろう，というのは，そのような収益及び費用は，将来の収益及び費用を予想する際のインプットとして使用され得るからである。そのような収益及び費用はまた，企業の経営者が，どれだけ効率的かつ効果的に企業の経済的資源を使用する責任を解除したのかを評価するのにも役立つ可能性がある（pars.6.32-6.33）としている。

②　使用価値及び履行価値

　「使用価値」は，資産の使用及びその最終的な処分からの見積キャッシュ・フローの現在価値に関する情報を提供する。この情報は，予測価値を有する可能性がある，というのは，それは将来の正味キャッシュ・インフローの見通しの評価に使用され得るからである。他方，「履行価値」は，負債の履行のために必要な見積キャッシュ・フローの現在価値に関する情報を提供する。したがって，履行価値は，特に，負債が移転ないし交渉によって決済されるというよりも，履行による場合には，予測価値を持つ可能性がある（pars.6.37-6.38）としている。

③　現在原価

　現在原価で測定された資産及び負債に関する情報は，目的適合性がある可能性がある，というのは，現在原価は，測定日において同等の資産が取得又は生

産され，又は同等の負債を発生又は引き受けることと交換に受け取るであろう対価のコストを反映するからである（par.6.40）。

なお，「特定の測定基礎によって提供される情報」についての要約は，表6-6のとおりである。

表6-6　特定の測定基礎によって提供される情報の要約

資産

	財　政　状　態　計　算　書			
	歴史的原価	公正価値（市場参加者の仮定）	使用価値（企業固有の仮定）	現在原価
帳簿価額	未消費，未回収で回収可能な歴史的原価（取引コストを含む） （金融的要素に生じた金利を含む）	資産を売却するために受け取るであろう価格（処分時の取引コストを控除しない）	資産の使用とその最終的な処分からの将来キャッシュ・フローの現在価値（処分時の取引コストの現在価値控除後）	未消費，未回収で回収可能な現在原価（取引コストを含む）
	財　務　業　績　の　計　算　書			
事象	歴史的原価	公正価値（市場参加者の仮定）	使用価値（企業固有の仮定）	現在原価
当初認識	－	取得資産の支払対価と公正価値との差額 資産取得時に生じた取引コスト	取得資産の支払対価と使用価値との差額 資産取得時に生じた取引コスト	－
資産の売却又は消費	売却又は消費した資産の歴史的原価と同額の費用 受取収益 （総額又は純額での表示） 資産売却に関する取引コストの費用	売却又は消費した資産の公正価値と同額の費用 受取収益 （総額又は純額での表示） 資産売却に関する取引コストの費用	売却又は消費した資産の使用価値と同額の費用 受取収益 （総額又は純額での表示） 資産売却に関する取引コストの費用	売却又は消費した資産の現在原価と同額の費用 受取収益 （総額又は純額での表示） 資産売却に関する取引コストの費用
金利収益	金利収益，歴史的レートで，資産が変動金利を生じる	公正価値の変動からの収益及び費用の反映	使用価値の変動からの収益及び費用の反映	金利収益，カレントレートで

	時には，改訂	（区分して識別される場合）	（区分して識別される場合）	
減損	歴史的原価がもはや回収可能でなくなったことから生じた費用	公正価値の変動からの収益及び費用の反映 （区分して識別される場合）	使用価値の変動からの収益及び費用の反映 （区分して識別される場合）	現在原価がもはや回収可能でなくなったことから生じた費用
価値変動	減損損失の反映を除き，認識しない 金融資産について－見積キャッシュ・フローの変動からの収益及び費用	公正価値の変動からの収益及び費用の反映	使用価値の変動からの収益及び費用の反映	価格変動の影響を反映する収益及び費用 （保有利得及び保有損失）

負債

	財政状態計算書			
	歴史的原価	公正価値（市場参加者の仮定）	使用価値（企業固有の仮定）	現在原価
帳簿価額	負債の未履行部分を引き受けたことに伴って受取った（取引コスト控除後）対価，見積キャッシュ・アウトフローが受取った対価を超える金額を加算 （金利要素について生じた金利を含む）	負債の未履行部分を移転するために支払う価格（移転のために生じる取引コストを含めない）	負債の未履行部分を履行するために生じる将来キャッシュ・フローの現在価値（履行又は移転のために生じる取引コストの現在価値を含む）	負債の未履行部分を引き受けることに伴って当期に受取る（取引コスト控除後）対価，見積キャッシュ・アウトフローが当該対価を超える金額を加算
	財務業績の計算書			
事象	歴史的原価	公正価値（市場参加者の仮定）	使用価値（企業固有の仮定）	現在原価

当初認識	–	受取対価額と負債の公正価値との差額 負債について発生し,又は引き受けるための取引コスト	受取対価額と負債の履行価値との差額 負債について発生し,又は引き受けるための取引コスト	–
負債の履行	(歴史的対価を反映した)履行した負債の歴史的原価と同額の収益 負債の履行により生じたコストとしての費用 (純額又は総額で表示し得る)	履行した負債の公正価値と同額の収益 負債の履行により生じたコストとしての費用 (純額又は総額で表示し得る。総額の場合には,歴史的原価は区分表示し得る)	履行した負債の履行価値と同額の収益 負債の履行により生じたコストとしての費用 (純額又は総額で表示し得る。総額の場合には,歴史的原価は区分表示し得る)	(現在対価を反映した)履行した負債の現在原価と同額の収益 負債の履行により生じたコストとしての費用 (純額又は総額で表示し得る。総額の場合には,歴史的原価は区分表示し得る)
負債の移転	(歴史的対価を反映した)移転した負債の歴史的原価と同額の収益 負債の移転のために支払った(取引コストを含む)コストとしての費用 (純額又は総額で表示し得る)	移転した負債の公正価値と同額の収益 負債の移転のために支払った(取引コストを含む)コストとしての費用 (純額又は総額で表示し得る。)	移転した負債の履行価値と同額の収益 負債の移転のために支払った(取引コストを含む)コストとしての費用 (純額又は総額で表示し得る。)	(現在対価を反映した)移転した負債の現在原価と同額の収益 負債の移転のために支払った(取引コストを含む)コストとしての費用 (純額又は総額で表示し得る)
金利費用	金利費用,歴史的レートで,負債が変動金利を生じる時には,改訂	公正価値の変動からの収益及び費用の反映 (区分して識別される場合)	履行価値の変動からの収益及び費用の反映 (区分して識別される場合)	金利費用,カレントレートで
不利となった負債による事	負債の見積キャッシュ・アウトフローが歴史的原価を超える超過額と	公正価値の変動からの収益及び費用の反映	履行価値の変動からの収益及び費用の反映	負債の見積キャッシュ・アウトフローが現在原価を超える

象への影響	同額の費用，又は当該超過額のその後の変動	（区分して識別される場合）	（区分して識別される場合）	超過額と同額の費用，又は当該超過額のその後の変動
価値変動	負債が不利となる場合を除き，認識しない。 金融負債について－見積キャッシュ・フローの変動からの収益及び費用	公正価値の変動からの収益及び費用の反映	履行価値の変動からの収益及び費用の反映	価格の変動の影響を反映した収益及び費用（保有利得及び保有損失）

（出所）　IASB[2018a]pp.58-62.

4　測定基礎アプローチと測定基礎の選択の視点

(1)　測定基礎アプローチと測定基礎の選択の視点
①　測定基礎の選択上考慮すべき要素の概要

　この場合,「測定基礎の選択上考慮すべき要素」として，表6-7のように，財務情報の有用性の観点から，質的特性として，目的適合性と忠実な表現という基本的質的特性を満たすと共に，比較可能性，検証可能性，適時性と理解可能性という補強的質的特性についても出来るだけ満たすべきこと並びにその制約としてのコスト制約を新たに要求している（pars.6.2, 6.45）。

表6-7　測定基礎の選択上考慮すべき要素

	目　標	基本的質的特性	補強的質的特性	制　約
測定基礎の選択の視点	有用性	目的適合性	比較可能性，検証可能性，適時性と理解可能性	コスト制約
		忠実な表現		

（出所）　岩崎[2016a]125頁。

② 測定基礎の選択の視点の概要

複数の「測定基礎の選択の視点」が，概念フレームワーク上初めて明示されており，それは，財務情報の目的適合性が向上するか否かの観点（「目的適合性の観点」）から選択を行うこととし，その判断に影響する要因（「測定基礎決定要因」）として，①財政状態計算書と財務業績の計算書の両方に対する影響（ホーリスティック観），②資産負債の特徴，③将来キャッシュ・フローへの寄与の仕方を挙げている（pars.6.43, 6.49）。これらの関係は，表6-8のように整理することができる。

表6-8 測定基礎の選択の視点：目的適合性の観点から

測定基礎の選択の視点	目的適合性	① ホーリスティック観＊	② 資産負債の特徴
			③ 将来キャッシュ・フローへの寄与の仕方

＊：財政状態計算書と財務業績の計算書の両方に対する影響を考慮すること。
　なお，測定の不確実性の程度は，「忠実な表現」で取り扱われている。
（出所）　IASB[2018a]pars.6.43, 6.49を参照して著者作成。

①ホーリスティック観は，測定基礎の選択に際して，財政状態計算書上の財政状態の表示と財務業績の計算書上の財務業績の表示の両方に対する影響を考慮しながら，測定基礎を選択しようとするものである。また，②資産負債それ自体の特徴として，㋐項目のキャッシュ・フローの変動可能性の性質，㋑項目の価値の市場要因又は他のリスクに対する感応度を考えている。③「どのように当該資産又は負債が将来キャッシュ・フローに寄与するのか」（par.6.49）という将来キャッシュ・フローへの寄与の考え方は，伝統的な取引に基礎を置く過去のキャッシュ・フロー（収支）ではなく，将来キャッシュ・フローへの寄与の観点から測定基礎を選定しようとするものであり，概念フレームワークの測定基礎の選定に関する考え方の中心概念を表すものである。そして，「どのように経済的資源が使用されているのか，それゆえ，どのように資産及び負債がキャッシュ・フローを創出するのかは，部分的には，当該企業において行われている事業活動の性質に依存する」（par.6.54）としている。なお，目的適合性の観点ではなく，忠実な表現の観点から，この他に，測定の不確実性の

程度(レベル)を考慮して測定基礎を選択することとしている。このように,新しい概念フレームワークにおける測定基礎の選択は,基本的には複数の観点すなわち上述の観点から総合的に行われることとなり,どのような観点をより重視するのかについての順位は示されておらず,一意には決まらない構造を取っている。

(2) 測定基礎の選択の際に考慮すべ要因
① ホーリスティック観

概念フレームワーク上,測定基礎の選択の際に考慮すべ要因として,以下のように,基本的質的特性としての目的適合性と忠実な表現,補強的質的特性とコスト制約,当初認識に固有な要素及び一つ以上の測定基礎を挙げている。

すなわち,測定基礎の選択の際に考慮すべ要因の一つとしての「財務諸表との関連」に関して,まず,資産又は負債及び関連する収益及び費用についての測定基礎を選択する際に,測定基礎が財政状態計算書と財務業績の計算書の両方に,もたらす情報の性質を,その他の要素とともに,考慮することが必要である(par.6.43)として,表6-9のように,測定基礎の選択の際に考慮すべ要因として,測定基礎が,どちらか一方ではなく,両方の財務諸表に与える影響を考慮すべきであるという「ホーリスティック観」が示されている。

表6-9 ホーリスティック観(測定基礎の選択の際に考慮すべ要因①)

摘　　要	内　　容
ホーリスティック観	【測定基礎の選択の際に考慮すべ要因①】 測定基礎が財政状態計算書と財務業績の計算書の両方にもたらす情報の性質を考慮

ほとんどの場合において,どの唯一の要因も,どの測定基礎が選択されなければならないかを決定しないであろう。それぞれの要因の相対的な重要性は,事実及び状況に応じて決まることとなる(par.6.44)としている。

② 質的特性

　測定基礎の選択の際に考慮すべ要因の一つとしての「質的特性」に関して，測定基礎によって提供される情報は，財務諸表の利用者にとって有用でなければならない。これを達成するために，情報は目的適合性があり，かつ，それが表現しようとしているものを忠実に表現しなければならない。さらに，提供される情報は，できる限り，比較可能で，検証可能性があり，適時性があり，理解可能であるべきである（par.6.45）として，表6-10のように，測定基礎の選択の際に考慮すべ要因として，意思決定のための有用性を頂点とした財務情報の質的特性を考えている。

表6-10　質的特性（測定基礎の選択の際に考慮すべ要因②）

摘　要	内　　容
考　え　方	【測定基礎の選択の際に考慮すべ要因②】 意思決定のための有用性を頂点とした財務情報の質的特性
基本的質的特性	【必須】 目的適合性と忠実な表現
補強的質的特性	【可能な限り】 比較可能性，検証可能性，適時性及び理解可能性
特　　徴	質的特性の実質化
基本的質的特性の適用	・有用性＞目的適合性＞忠実な表現 ・「質的特性の序列化」

　すなわち，有用性を確保するために，基本的質的特性としての目的適合性と忠実な表現を必須なものとして掲げ，さらにできるだけ有った方が望ましい補強的質的特性としての比較可能性，検証可能性，適時性及び理解可能性を挙げている。このように，質的特性は，単なる財務情報に関する質的特性に留まらず，測定基礎の選択の際に実際に機能する質的特性となっており，この意味で，財務情報の「質的特性の実質化」が生じている。

　「基本的特性の適用」において説明したように，基本的質的特性を適用するために最も効率的かつ効果的なプロセスは，通常，経済現象について最も目的

適合性がある情報を識別することであろう。当該情報が入手可能でないか，又は当該経済現象を忠実に表現するような方法で提供できない場合には，次に最も目的適合性がある情報が考慮されなければならない（par.6.46）として，基本的質的特性を適用するために最も効率的かつ効果的なプロセスとして，「有用性＞目的適合性＞忠実な表現」を考えている。この意味で，財務情報の「質的特性の序列化」が示されている。

　測定基礎の選択の際に考慮すべ要因の一つとしての「当初測定と事後測定との関連」に関して，当初測定と事後測定とは別個に考えることはできない。したがって，資産又は負債及び関連する収益又は費用についての測定基礎の選択は，当初測定と事後測定の両方を考慮することによって決定される（par.6.48）として，当初測定と事後測定とを関連付けながら測定基礎の選択をしなければならないことを示している。

③ 目的適合性

㋐ 目的適合性への影響要因

　資産又は負債及び関連する収益及び費用についての測定基礎によって提供される情報の目的適合性は，以下の要因によって影響を受ける。

(a) 資産又は負債の特徴（「資産負債の特徴」）
(b) どのように資産又は負債が将来キャッシュ・フローに寄与するのか（将来キャッシュ・フローへの寄与」）（par.6.49）

として，表6-11のように，目的適合性への影響要因として，資産負債の特徴と将来キャッシュ・フローへの寄与の観点を示している。

表6-11　目的適合性への影響要因

目的適合性への影響要因	資産負債の特徴
	将来キャッシュ・フローへの寄与

㋑ 資産負債の特徴

　測定基礎の選択の際に考慮すべ要因の一つとしての「資産負債の特徴」に関して，表6-12のように，測定基礎によって提供される情報の目的適合性は，

一部には，資産又は負債の特徴，特にキャッシュ・フローの変動可能性及び当該資産又は負債の価値が市場要因又は他のリスクに対して感応的であるか否かに依存する（par.6.50）としている。それゆえ，例えば，資産又は負債の価値が市場要因又は他のリスクに感応的である場合には，歴史的原価は現在価額とかなり異なったものとなるであろう。それゆえ，財務諸表の利用者にとって価値変動の情報が重要である場合には，歴史的原価は目的適合的な情報を提供しないであろう（par.6.51）としている。

表6-12　資産負債の特徴

目的適合性	資産又は負債の特徴	・キャッシュ・フローの変動可能性 ・当該項目の価値が市場要因の変動又はその他のリスクに対する感応度等

㋒　将来キャッシュ・フローへの寄与

測定基礎の選択の際に考慮すべ要因の一つとしての「将来キャッシュ・フローへの寄与」に関して，表6-13のように，ある経済的資源はキャッシュ・フローを直接生み出すが，他のケースでは，経済的資源はキャッシュ・フローを生み出すために間接的に組み合わされて使用される。どのように経済的資源が使用され，それゆえ，どのように資産及び負債がキャッシュ・フローを生み出すかは，部分的には，企業によって行われる事業活動の性質に依存する（par.6.54）としている。

表6-13　将来キャッシュ・フローへの寄与

目的適合性	将来キャッシュ・フローへの寄与	【部分的に】事業活動の性質に依存

例えば，企業の事業活動が，顧客への財及びサービスを生産し販売するために組み合わせて使用されることによって，間接的にキャッシュ・フローを生み出すように，数種類の経済的資源の使用を含む場合には，歴史的原価又は現在原価（current cost）がその活動についての目的適合性がある情報を提供しそうである（par.6.55）としている。

④ 忠実な表現

　測定基礎の選択の際に考慮すべ要因の一つとしての「忠実な表現」のうち「会計上のミスマッチ」に関して，表6-14のように，資産と負債が何らかの形で関連している場合には，当該資産及び負債について異なる測定基礎を使用すると，測定の不整合（会計上のミスマッチ）を生じさせる可能性がある。財務諸表が測定の不整合を含む場合には，当該財務諸表は，企業の財政状態及び財務業績を忠実に表現しない可能性がある。したがって，状況によっては，関連する資産及び負債について同一の測定基礎を用いる方が，異質の測定基礎を使用するよりも，財務諸表の利用者に有用な情報を提供する可能性がある。特に，ある資産又は負債からのキャッシュ・フローが別の資産又は負債からのキャッシュ・フローと直接連動している場合には，そうなる可能性が高い（par.6.58）としている。

表6-14　会計上のミスマッチの回避

忠実な表現	会計上のミスマッチの回避	関連する資産・負債について同一の測定基礎を用いる方が，利用者に有用な情報を提供できること

　また，測定基礎の選択の際に考慮すべ要因の一つとしての「忠実な表現」のうち「測定の不確実性」に関して，測定が活発な市場において観察可能な価格によって直接的に決定できず，その代わりに見積りを行わなければならない時には，測定の不確実性が生じる。高いレベルの測定の不確実性は，必ずしも目的適合性のある情報を提供する測定基礎の使用を妨げるものではない。しかし，場合によっては，測定の不確実性のレベルが非常に高いので，ある測定基礎によって提供される情報が，十分に忠実な表現を提供しない可能性がある。このような場合には，目的適合性がある情報をもたらす可能性のある異なった測定基礎を選択することを考慮することが適切である（par.6.60）としている。

　なお，「測定の不確実性と結果の不確実性ないし存在の不確実性との関連」に関して，表6-15のように，次のように述べている。

　「測定の不確実性」は，結果の不確実性や存在の不確実性の両方とも異なる

ものである。
 (a) 「結果の不確実性」は，資産又は負債から生じる経済的便益の流入又は流出の金額又は時期についての不確実性がある時に生じる。
 (b) 「存在の不確実性」は，資産又は負債が存在しているのか否かが不確実である時に生じる（par.6.61）。

表 6-15　測定の不確実性等

忠実な表現	測定の不確実性等	・「測定の不確実性」は，測定が活発な市場において観察可能な価格によって直接的に決定できず，見積りを行わなければならない時に生じること ・「結果の不確実性」は，資産又は負債から生じる経済的便益の流入・流出の金額や時期についての不確実性がある時に生じること ・「存在の不確実性」は，資産又は負債が存在しているのか否かが不確実である時に生じること

⑤ 補強的質的特性とコスト制約

　測定基礎の選択の際に考慮すべ要因の一つとしての「補強的質的特性とコスト制約」に関して，表 6-16 のように，比較可能性，理解可能性及び検証可能性という補強的質的特性並びにコスト制約は，測定基礎の選択のために影響がある。しかし，適時性という補強的質的特性は，測定について具体的な影響を与えない（par.6.63）。

　また，コストが，他の財務報告の意思決定の制約になるのとまさに同様に，コストは，測定基礎の選択も制約する（par.6.64）としている。

表 6-16　補強的質的特性とコスト制約

摘　要	関連性＊	内　　容
補強的質的特性	関連	比較可能性，理解可能性及び検証可能性
	無関連	適時性
コスト制約	関連	コスト制約

＊：測定基礎の選択との関連性。

⑥ 当初測定に固有な要素

　測定基礎の選択の際に考慮すべきな要因の一つとしての「当初測定に固有な要

素」に関して,表6-17のように,当初認識時において,取得した資産又は発生した負債のコストは,市場の条件での取引である事象の結果として,通常,その日の公正価値と同様である(取引コストに重要性がある場合を除く)。それにもかかわらず,たとえそれら2つの金額が同様であったとしても,どの測定基礎を当初認識時に使用するのかを記述することが必要である。その後に歴史的原価が使用される場合には,歴史的原価が通常当初認識時においても適切である。同様に,その後に現在価額が使用される場合には,現在価額が通常は当初認識にも適切である。当初認識とその後の測定について同じ測定基礎を使用することは,単に測定基礎の変更という理由だけで,その後の最初の測定時に,収益又は費用を認識するということを避けられる(par.6.78)。

表6-17 測定基礎の統一

| 当初測定に固有な要素 | 当初認識とその後の測定について同じ測定基礎の使用 |

⑦ 複数測定基礎

測定基礎の選択の際に考慮すべ要因の一つとしての「複数測定基礎」に関して,表6-18のように,資産又は負債及び関連する収益及び費用に関する,企業の財政状態と財務業績の両方を忠実に表現する目的適合性のある情報を提供するために,複数測定基礎が必要とされることがある(par.6.83)。

表6-18 複数測定基礎

摘要	内容
目的	有用(目的適合性と忠実な表現)な財務情報の提供のため
通常	【単一測定基礎】 ・財政状態計算書と財務業績の計算書で単一の測定基礎の使用 ・他の測定基礎を使用した追加的な情報を財務諸表に注記
例外	【複数測定基礎】 ・財政状態計算書上の資産負債:現在価額による測定基礎 ・純損益計算書上の収益又は費用:異なる測定基礎
	・純損益計算書:当該計算書について選択された測定基礎による収益又は費用 ・その他の包括利益:残りの収益又は費用

ほとんどの場合,当該情報を提供する最も理解可能性の高い方法は,
(a) 財政状態計算書における資産又は負債と,財務業績の計算書における関連する収益及び費用の両方について,単一の測定基礎を使用し,かつ,
(b) 他の測定基礎を使用した追加的な情報を財務諸表注記において開示する方法である (par.6.84)。

しかし,場合によっては,以下の測定基礎を使用することによって,当該情報はより目的適合性があり,又は企業の財政状態及び財務業績の両方のより忠実な表現をもたらす。
(a) 財政状態計算書における資産又は負債について,現在価額の測定基礎,そして
(b) 純損益計算書における関連する収益及び費用について異なる測定基礎 (par.6.85)。

このような場合,資産又は負債の現在価額の変動から当期に生じる収益合計又は費用合計は,次の2つの構成部分に分解され,分類される。
(a) 純損益計算書においては,当該計算書について選択された測定基礎を用いて測定した収益又は費用を含み,そして,
(b) その他の包括利益においては,残りの収益又は費用を含む。その結果として,当該資産又は負債に関連するその他の包括利益の累計額は,次の間の差額に等しくなる。
 (i) 財政状態計算書上の資産又は負債の帳簿価額,及び
 (ii) 純損益計算書について選択された測定基礎を適用して決定された帳簿価額 (par.6.86)。

⑤ 持分の測定

「持分の測定」に関して,持分の帳簿価額合計(持分合計)は,直接には測定されない。それは,すべての認識した資産の帳簿価額の合計からすべての認識した負債の帳簿価額の合計額を控除した額に等しい (par.6.87)。

また,「持分の金額と他の金額との関係」に関して,一般目的財務諸表は,企業の価値を示すように設計されていないため,持分の帳簿価額合計は以下のものと一般に等しくならない。

(a) 企業の持分請求権の市場価値の総額
(b) 企業全体を継続企業ベースで売却することによって調達できる合計額,又は
(c) すべての企業の資産を売却し,かつすべての負債を決済することによって調達できる合計(par.6.88)

としている。

⑥ キャッシュ・フローを基礎とした測定技法

「キャッシュ・フローを基礎とした測定技法」に関して,時々測定値は直接観察されえない。こうした場合,当該測定値を見積る一つの方法は,キャッシュ・フローを基礎とした測定技法を用いて見積もることである。このような測定技法は測定基礎ではない。それらは,測定基礎を適用する際に使用される技法である。それゆえ,そのような技法を使用する時に,どのような測定基礎が使用され,そして,当該技法が,どの程度当該測定基礎に適用可能な要因を反映するのかを識別することが必要である。例えば,測定基礎が公正価値である場合には,適用可能な要因は,パラグラフ6.14で記述されたもの(例えば,将来キャッシュ・フローの見積りや貨幣の時間価値等)である(par.6.91)としている。

⑦ 公正価値測定

(1) 取引概念

取引概念に関して,表6-19のように,従来の取得原価主義会計においては,基本的に交換取引(exchange transaction:ET)で,かつ当事者が参加した実際

149

の取引(「実際の交換取引」)を想定し,実際の取引という事実を重視してきた。

表6-19 取引概念

摘 要	公正価値測定	取得原価主義会計
① 種類	交換取引	交換取引
② 想定	仮想的なもの(仮想取引)	実際のもの(実際取引)
③ 当事者の参加	無(・有)	有
④ 内容	(単なる)仮想	事実
⑤ 包含時制	現在(・将来)*	過去(・現在・将来)

＊:公正価値会計では,貸借対照表数値決定上,利益計算のための数値を除き,過去の(数値)情報は不要である。
(出所) 岩崎[2011a]98頁。

これに対して,IFRSの想定する取引概念は,市場参加者の観点から見た交換取引でかつ仮想的な取引(hypothetical transaction:HT:「仮想的な交換取引」)を想定している。それゆえ,その実質は,当事者が参加した実際の取引ではなく,単なる仮想的な取引である。そして,市場が存在する場合には,その市場価格を利用するが,市場が存在しない場合には,市場が存在すると仮定した場合に形成されると推定される交換取引に基づく価格すなわち仮想的市場価格を,評価技法を用いて計算することとなる[3]）。

(2) 公正価値測定の特徴

ここで,この公正価値測定の一般的な特徴をまとめれば,表6-20のとおりである[4]）。

表6-20 公正価値測定の特徴

摘 要	内 容
① 適用範囲	金融商品及び非金融商品
② 測定日	公正価値測定は時価概念の一種なので,測定日現在での測定数値*1を指すこと
③ 取引概念	交換取引でかつ(実際のものではなく)仮想的なものであること

④ 参照市場	主要な市場（又は最も有利な市場）
⑤ 市場参加者の観点	・公正価値は市場における価値を表すものであること ・市場参加者が資産負債の価格設定に当たり使用するであろう仮定を基礎にして公正価値を決定するため、企業に固有の測定ではなく、市場を基礎にした測定であることを想定 ・市場参加者が資産負債の固有の特徴（下記⑧）を考慮する場合には、それを考慮して価格設定を行うこと
⑥ 資産負債の売却移転	資産負債の売却や移転という出口価値を想定していること（下記⑨）
⑦ 仮定	非金融商品における最有効使用の仮定
⑧ 資産負債の特徴ないし固有の要素	・市場参加者の観点から資産負債の特徴ないし資産負債に固有な要素（例えば、状況、場所、制限等）を考慮すること ・例えば、輸送費用（主要な市場に資産を輸送するためのコスト）や資産負債の売却や移転に関する制限等は資産負債の特徴に入る ・他方、企業にとっての固有の要素（例えば、大量保有[*2]等）や取引の特徴ないし固有の要素（取引費用等）は考慮せず、調整を禁止
⑨ 出口価格	㋐ 市場参加者の観点に適合 ㋑ 概念フレームワークの定義と整合的（将来キャッシュ・フローに関する現在の予測を組み込んでいるので）
⑩ 負債の公正価値	・負債の移転を想定 ・観察可能な市場価格がない場合には、相手方が対応する資産の公正価値を測定するのに用いる方法と同じ方法で測定すること
⑪ 秩序ある取引の仮定	取引は秩序的なものであり、強制的な清算や投げ売り等の強制的取引を想定していないこと
⑫ 測定方法	取引がどの程度市場で観察可能かに応じてレベルを3段階に分けて測定 ㋐ 取引が市場で観察可能な場合　：　市場価格の利用 ㋑ 取引が市場で観察不能な場合　：　評価技法の利用
⑬ 公正価値評価技法	・コスト・アプローチ、マーケット・アプローチ及びインカム・アプローチのいずれかと整合する評価技法を使用 ・実務的には信頼性ある公正価値の評価技法の開発が要請されること

[*1]：わが国では、その他有価証券の決算時の時価として期末前1ヵ月の月平均を用いることができるので、影響がある。
[*2]：わが国では、従来大量保有要因による調整を明示的に禁止していないので、影響がある。
(出所)　岩崎[2011a]97頁（一部変更）。

(3) 公正価値測定の拡大

① 公正価値測定の拡大

ここでは，1980年代後半以降の急速な新金融商品の普及に伴って，資産負債の事後測定において公正価値測定が適用されるようになったIAS第39号「金融商品：認識及び測定」(1990年代)以降における公正価値測定の拡大について概観することとする。この主なものには，表6-21のようなものがある[5]。

表6-21　公正価値会計の拡大

分　　類	備　考
(1) **金融商品内の拡大**	
①　売買目的有価証券・デリバティブの公正価値測定・損益計上へ	
②　ヘッジ会計（ヘッジ手段）	
③　(部分) 公正価値オプション (FVO) の適用	
④　IFRS第9号において公正価値測定される金融商品について（原価測定の例外を設けず）全て公正価値で測定することを要請	
⑤　適用範囲の拡大：具体例：分類基準の変更等	
(2) **金融商品から非金融商品への拡大**	
①　固定資産に減損会計の強制適用	切下げのみ
②　退職給付会計の時価評価の強制	
③　企業結合会計における公正価値を基礎とした取得原価の配分	取得時
④　棚卸資産の低価法の任意適用から実質的な低価法の強制適用へ	切下げのみ
⑤　トレーディング目的の棚卸資産	全て
⑥　のれんの非償却と減損会計	OCI計上
⑦　固定資産の再評価モデルの選択適用	再評価剰余金
⑧　投資不動産の公正価値モデルの選択適用	
⑨　農産物，生物資産	

(注)　OCI：その他の包括利益。
(出所)　岩崎 [2011a] 107頁（一部変更）。

第6章 測　　定

　このように，公正価値会計の拡大は，大きく金融商品内部における公正価値会計の拡大と金融商品以外（非金融商品）への拡大の二つに分けることができる。しかも，これは，時代の進行とともに，着実に公正価値の適用が拡大し続けていることが理解できる。

② 公正価値と使用価値

　従来の使用価値概念とIFRSの現在価値として測定される公正価値との異同点は，表6-22のとおりである[6]。

表6-22　公正価値と使用価値

摘　要	公　正　価　値	使　用　価　値
① 意義	公正価値は，測定日における市場参加者の視点から出口価格で測定されるもの	個々の企業経営者による企業固有の視点から資産の使用からもたらされる将来キャッシュ・フローの割引現在価値を測定したもの
② 特徴	資産負債の何らかの客観的な測定属性を表現したもの	資産負債を特定の実態ごとに把握するもの
③ 視点	市場指向的（公正価値）	個別企業指向的（企業に固有の価値）
④ 考慮事項	資産の特性，市場参加者の観点	資産の特性，経営者の観点
⑤ 予測	市場の予測（キャッシュ・フロー，市況，その他の不確実性等）	経営者の予測（キャッシュ・フロー，市況，その他の不確実性等）
⑥ 仮定	市場関係者が利用するであろう仮定に依存（市場に基礎を置いた測定）	企業の見積もりと仮定に依存（企業に固有の測定）
⑦ 比較可能性	あり	なし

（出所）　岩崎[2011a]101頁（一部修正）。

〔注〕
1)　岩崎[2016a]127頁。
2)　同上，128頁。
3)　岩崎[2011a]98頁。

4) 同上, 94-104頁。
5) 同上, 106-109頁。
6) 同上, 101頁。

第7章 表示及び開示

1 表示及び開示の概要

(1) 表示及び開示の概要

IASBの概念フレームワーク上,第7章「表示及び開示」では,表7-1のような内容を規定している。

表7-1 第7章「表示及び開示」の規定内容

(1) 伝達ツールとしての表示及び開示
(2) 表示及び開示の目的と原則
(3) 分類
  ① 資産及び負債の分類
  ② 持分の分類
  ③ 収益及び費用の分類
(4) 集約

(出所) IASB[2018a]p.4,番号は著者が挿入。

概念フレームワーク上「表示と開示」に関する主な内容として,これらに関する諸概念及び損益計算書(純損益計算書[1])及びその他の包括利益へ収益費用を含める際のガイダンスを新たに導入している。この場合,損益計算書は当該報告期間における企業の財務業績についての主要な情報源である。原則としてすべての収益費用は損益計算書に含められるとしている。

以下では,これらについて順に解説していくこととする。

なお,図7-1のように,IASB概念フレームワークでは,一般に基本財務諸表(除く,注記)について「表示」,注記等について(狭義の)「開示」という用語を使用している。ただし,独立的に広義には,財務諸表の表示を含めて,外部報告上での情報を示す意味で,「開示」という用語を使用している。

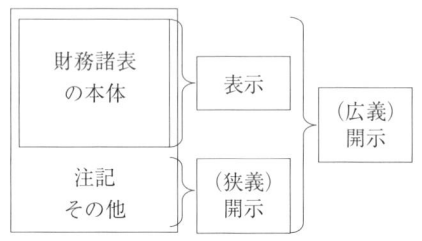

図7-1　表示及び開示

すなわち，表7-2のように，「表示及び開示」という用語法の場合には，狭義の意味で使用されている。他方，「開示」が独立で使用される場合には，狭義又は広義のどちらかで使用されているので，注意が必要である。

表7-2　概念フレームワーク上の表示及び開示の意味

摘　要	狭　　　義	広　　　義
表　示	財務諸表の本体	―
開　示	注記及びその他の情報	財務諸表の本体を含む，外部への情報の提供

(2) 経　　緯

　従来のIASBの概念フレームワークにおいては，「表示及び開示」(presentation and disclosure：P&D)に関する直接的な規定はなされていなかった。これらに関する個別の規定は，IAS第1号「財務諸表の表示」の中でなされてきている。他方，米国FASBが，作成者における開示の過重負担の問題等を解決するために，2009年以降開示フレームワーク設定の動きを活発化させている状況に対応して，IASBも2012年に「開示に関する取組み」(ディスクロージャー・イニシャティブ)(disclosure initiative：DI)プロジェクトを開始し，概念フレームワーク及び個別会計基準レベルでの開示に係る規定の開発や改訂に取り組んできている。そして，2013年7月の討議資料「財務報告に関する概念フレームワークの見直し」や2015年5月の公開草案「財務報告に関する概念フレームワーク」において，開示規定がなされている。さらに，2017年3月に討議資料「開示に関する取組み－開示原則」を公

表している。そして,2018年の概念フレームワークにおいて,これらの流れを引き継いで,その概念フレームワーク上初めて「表示及び開示」に関する規定を行っている[2]。

(3) 財務情報の開示の視点

この場合,表7-3や図7-2のように,「財務情報の開示」に関する視点には,一般に理論上大きく,㋐財務情報の作成者(計算)の視点を基礎として,企業活動を一定の会計原理に従って把握し,その結果としての財務情報を株主等に開示するという考え方と,㋑財務情報の利用者(開示)の視点を基礎として,利用者の情報ニーズに適合する有用な財務情報を提供するという意思決定有用性アプローチの考え方がある。そして,IASBは,その視点として財務情報の利用者ニーズを重視するという意思決定有用性アプローチを採用している[3]。

表7-3 財務情報の開示の視点

開示の視点	作成者	財務情報の作成者(計算)の視点を基礎として,企業活動を一定の会計原理に従って把握し,その結果としての財務情報を株主等に開示するという考え方
	利用者	財務情報の利用者(開示)の視点を基礎として,利用者の情報ニーズに適合する有用な財務情報を提供するという意思決定有用性アプローチの考え方

(出所) 岩崎[2017]46頁。

図7-2 財務情報の開示の視点

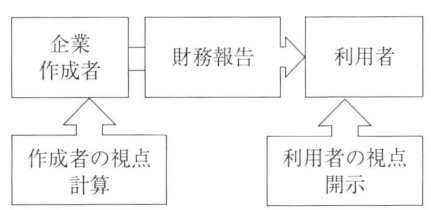

(4) 開示プロジェクトの特徴

IASBの開示に関する取組みプロジェクトにおいては,「伝達(コミュニケー

ション）の改善」という視点からそのプロジェクトを実施し，開示原則としての「伝達（コミュニケーション）原則」等が示されている。この場合，開示原則等について，基本的に概念フレームワークではハイレベルの概念や考え方のみを示し，より具体的なガイダンス等は，個別基準で示そうとしている。

❷　表示及び開示の内容

(1)　伝達ツールとしての表示及び開示

　IASBは，前述のように，開示における伝達の改善という視点から表示及び開示を「伝達（コミュニケーション）ツール」（communication tools：CT）と位置づけており，報告企業は，財務諸表上で情報を表示及び開示することによって，その利用者にその企業の資産，負債，持分，収益及び費用に関する情報を伝達する（par.7.1）としている。この場合，財務諸表上の情報の効果的な伝達は，情報をより目的適合性があるものとし，当該企業の資産，負債，持分，収益及び費用についての忠実な表現に寄与する。それは，さらに財務諸表上の情報の理解可能性と比較可能性を高める，と考えている。

　それゆえ，表7-4のように，財務諸表上の情報の「効果的な伝達（コミュニケーション）」（effective communication）は，次のようなことを要求する（par.7.2）としている。

(a)　ルールに焦点を当てるというよりも，表示及び開示の目的及び原則に「焦点」を当てること

(b)　同様の項目を一緒にし，そして異質の項目を区別するような方法で情報を「分類」すること，及び

(c)　不必要に詳細にし，又は過度に集約的にすることによって，不明瞭なものとならないような方法で情報を「集約」すること。

表7-4　情報の効果的な伝達

摘　要	内　　　　容
効果的な伝達	情報の効果的な伝達のため【焦点・分類・集約】
焦　点	表示及び開示の目的や原則に焦点を当てること
分　類	・同様の項目を一緒に ・異質の項目を区別すること
集　約	不必要に詳細にし，又は過度に集約的にすることによって，不明瞭なものとならないような方法で集約すること

　この場合，「コスト制約」（cost constrain）に関して，コストが他の財務報告決定を制約するのと同様に，表示及び開示に関する決定においても制約となる。それゆえ，表示及び開示に関する意思決定において，特定の情報を表示及び開示によって，財務諸表の利用者に提供される便益が，その情報を提供し使用するコストを正当化するのに十分であるか否かを考慮することが重要である（par.7.3）として，表示及び開示においても，コスト制約が適用されるとしている。

(2)　表示及び開示目的と伝達原則

　「表示及び開示要求の開発上考慮すべきバランス」に関して，財務諸表上の情報の効果的な伝達を促進するために，IASBが基準において表示及び開示要求を開発するときに，下記の両者の間でバランスを取ることが必要とされる。

(a)　当該企業の資産，負債，持分，収益及び費用を忠実に表現する目的適合性のある情報を提供するように，企業に柔軟性を与えること（「柔軟性」），及び

(b)　報告企業の各期について及び単一の期間内における企業間について，の両方において，比較可能な情報を要求すること（「比較可能性」）（par.7.4）

として，IASBが表示及び開示要求に関する基準を開発するときに，「柔軟性と比較可能性との間のバランス」を考慮することが重要であるとしている。

図7-3 表示・開示要求の開発上考慮すべきバランス

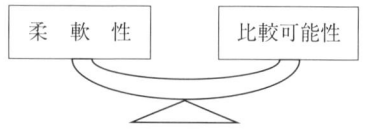

また,その目的は,企業が有用な情報を明確にし,また,最も効果的な方法で,情報をどのように伝達するのかを決定することを支援するので,「表示及び開示目的」(presentation and disclosure objectives) を基準に含めることは,財務諸表上における効果的な伝達を支援する (par.7.5) と考えている。

図7-4 伝達ツールとしての表示及び開示

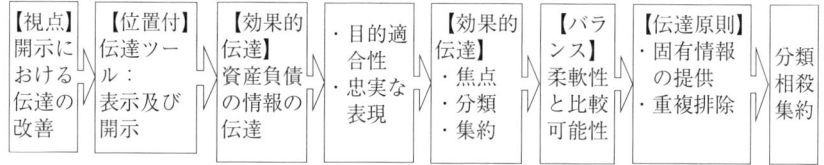

そして,「伝達原則」に関して,表7-5のように,IASBは概念フレームワーク上で,財務諸表上における効果的な伝達はまた,次のような諸原則を考慮することによって支援されるとしている。

(a) 企業固有の情報は,時々「決まり文句」(boilerplate:BP) と呼ばれる標準化された記述よりもより有用であること
(b) 財務諸表の異なる部分におけるの情報の重複は,通常,不必要であり,財務諸表の理解可能性を低下させうること (par.7.6)

というように,表示及び開示に関する原則(「伝達(コミュニケーション)原則」communication principles:CP) として,「固有情報の提供」と「重複排除」の原則を挙げている。

表7-5 伝達原則

摘　要	内　　　　　容
固有情報の提供の原則	企業固有の情報は「決まり文句」と呼ばれる標準化された記述よりもより有用であること
重複排除の原則	重複は，通常，不必要であり，財務諸表の理解可能性を低下させうること

(3) 分　類
① 分　類

財務諸表や財務報告に係る表示や開示において項目を一定の基準に基づいて分類することが重要となる。

ここで，「分類」(classification) とは，表示及び開示目的のために，共通した特徴に基づいて資産，負債，持分，収益又は費用を区分けすることである。そして，このような特徴の例として，例えば，項目の性質，企業が行う事業活動の中での役割（機能）及びどのように測定されるのか（par.7.7）すなわち項目の性質，事業活動上の役割及び測定基礎等を挙げている。

他方，「異質なものを一緒にすることの弊害」に関して，異質な資産，負債，持分，収益又は費用を一緒に分類すると，目的適合性のある情報を覆い隠し，理解可能性及び比較可能性を低下させ，表示しようとするものの忠実な表現を提供しないであろう（par.7.8）としている。

表7-6 分　類

摘　要	内　　　　　容
分　類	表示及び開示目的のために，共通した特徴に基づいて資産，負債，持分，収益又は費用を区分けすること
分類基準	項目の性質，事業活動上の役割及び測定基礎等

② 資産及び負債の分類

また，「分類と会計単位との関係」に関して，分類は，資産や負債について

選択された「会計単位」(unit of accounting) に適用される。しかし，ある資産又は負債を異質の特徴を持っている内訳項目に分け，別個の内訳項目として分類することは，しばしば適切であろう。このような内訳項目を別個に分類することが，その結果としての財務情報の有用性を高める場合には，それは適切であろう。例えば，資産又は負債を流動と非流動要素に分解し，これらの内訳項目を別個に分類することは，適切であろう (par.7.9) として，分類は，基本的には，会計単位として行うけれども，その内訳項目が異質である場合には，別の内訳項目として分けなければならないということを示している。

表7-7　分類の基本パターン

原　則	財務諸表の（内訳）項目について選択された会計単位について適用
例　外	その内訳項目が異質なものを含むとき，別個の内訳項目として分類

③　持分の分類

「持分の分類」に関して，有用な情報を提供するために，これらの持分請求権が，異質な性質を有する場合には，持分請求権を別個に分類することが必要であろう (par.7.12)。

同様に，有用な情報を提供するために，これらの内訳項目のいくつかが，特定の法律，規則又はその他の要求に従わなければならない場合には，持分の内訳項目を別個に分類することが必要であろう。例えば，ある法域において，企業は，分配可能として特定された十分な剰余金がある場合のみ，持分請求権の保有者への分配が許容される。これらの剰余金の別個の表示又は開示は，有用な情報を提供するであろう (par.7.13) としている。

(4)　純損益及びその他の包括利益

① 収益及び費用の分類

「収益及び費用の分類」に関して，その分類は，

(a) ある資産又は負債について選択された会計単位から生じる収益及び費用，又は

(b) これらの内訳項目が異質な性質を持っており，別個に明確化される場合のような収益及び費用の内訳項目に適用される。例えば，資産の現在価額の変動が，価格変動の影響と利息の発生を含んでいる場合である。また，そうすることが，財務情報の有用性を高める場合には，これらの内訳項目を別個に分類することが適当であろう（par.7.14）として，他の内訳項目と同様に，収益費用についても，原則として会計単位によるけれども，その内訳項目が異なる場合には，別個の内訳項目で分類を行うこととしている。

② **収益及び費用の分類と財務業績の計算書**

IASBの概念フレームワーク上の表示及び開示において，財務業績の計算表示が最重要な問題の一つとなっている。

「収益・費用の分類」に関して，表7-8のように，収益及び費用は，分類され，次のいずれかに含められるとしている。

(a) 純損益計算書[4]（statement of profit or loss），又は

(b) 純損益計算書外のその他の包括利益（other complehensive income：OCI）（par.7.15）

この場合，純損益計算書（いわゆる「損益計算書」のこと）は，企業の報告期間についての財務業績に関する情報の主要な源泉（primary source of information）である。この計算書は，企業の当期の財務業績に関する高度に要約された描写を提供する純損益に関する合計を含んでいる。財務諸表の多くの利用者は，その分析についての出発点として，又は，当期の企業の財務業績の主要な指標として，彼らの分析上この合計を組み入れる。それにも関わらず，当期の企業の財務業績を理解するためには，－その他の包括利益に含められた収益及び費用を含めて－すべての認識された収益及び費用の分析とともに，財務諸表に含まれる他の情報の分析を要するであろう（par.7.16）として，純損益計算書上示される財務業績の重要性を強調している。

それゆえ，すべての収益費用は，原則として純損益計算書に含められるべきであると考えられるけれども，例外的な状況の下において，その期間の当該企

業の財務業績について，より目的適合性のある情報を提供し，又はより忠実な表現を提供するために，資産負債の現在価額の変動から生じた収益費用の一部について，それを純損益計算書ではなく，その他の包括利益に含めるべきである。

すなわち，純損益計算書は，企業の当期の財務業績に関する情報の主要な源泉であるので，すべての収益及び費用は，原則として純損益計算書に含められる。しかし，基準の開発において，当審議会は，そうすることによって，純損益計算書上，より目的適合性がある情報を提供することができ，又は企業の当期の財務業績のより忠実な表現ができるという例外的な場合には，資産又は負債の現在価額における変動から生じる収益又は費用がその他の包括利益に含められるべきであると決定する可能性がある（par.7.17）として，すべての収益費用は，原則として純利益計算書に含められるけれども，例外として純損益計算書上，より目的適合性がある情報を提供することができ，又はその期間の企業の財務業績のより忠実な表現ができる場合には，資産又は負債の現在価額における変動から生じる収益又は費用をその他の包括利益に含めるべきである，とIASBが決定する可能性があるとしている。

表7-8 収益費用の分類

摘　要	内　　　　　　容
分類の原則	・資産・負債について選択された会計単位から生じる収益・費用，又は ・内訳項目が異質で，個別に明確化される場合のような収益及び費用の別個の内訳項目での分類
表　示	収益及び費用は，次のいずれかに含められる。 (a)　純損益計算書，又は (b)　純損益計算書外のその他の包括利益
帰　属	【原則】純損益計算書に含めること 【例外】その他の包括利益に含めること ・純損益計算書上，より目的適合性がある情報を提供することができ，又は財務業績のより忠実な表現ができる場合

ただし，歴史的原価測定基礎（historical cost measurement basis：HCMB）を基

礎として生じる収益費用は，すべて純損益計算書に含められる（par.7.18）としている。

このようにして一旦その他の包括利益として表示された項目の「リサイクリング」（再分類）に関して，ある期間においてその他の包括利益（OCI）に含められた収益及び費用は，原則として将来の期間において，その他の包括利益から純損益計算書にリサイクル（すなわち再分類：reclassified[5]）される。ただし，例外的に，例えば，そのリサイクルされるべき期間やリサイクルされるべき金額を明確にする基準が存在しない場合には，その後においてリサイクルされるべきでない（par.7.19）としている。

表7-9　概念フレームワークにおけるリサイクルの考え方

摘要	内容
原則	その他の包括利益（OCI）から純損益計算書にリサイクル
例外	例えば，もしそのリサイクルされるべき期間や金額を明確にする基準が存在しない場合： リサイクルされるべきでないこと

なお，表7-10のように，リサイクリングの考え方には，リサイクリングを行うという「リサイクリング・アプローチ」とリサイクリングを行わないという「非リサイクリング・アプローチ」とがある。さらに，前者は，その他の包括利益のすべての項目についてリサイクリングを行うという「全部リサイクリング・アプローチ」と一部のみのリサイクリングを行うという「部分リサイクリング・アプローチ」があり，IASBの概念フレームワークでは，この部分リサイクリング・アプローチによっている。

表7-10　リサイクリング・アプローチ

リサイクリング・アプローチ	全部リサイクリング・アプローチ
	部分リサイクリング・アプローチ
非リサイクリング・アプローチ	－

(5) 相　　殺

「相殺」に関して，図7-5のように，相殺（offsetting）は，企業が，資産及び負債の両方を別個の会計単位として認識し測定するが，それらを財政状態計算書において単一の純額にグループ化する時に生じる[6]（par.7.10）としている。なお，資産と負債の相殺は，前述のように，資産及び負債の両方を独立の会計単位として認識し測定するが，それらを財政状態計算書において単一の純額にグループ化する時に生じるので，一組みの権利及び義務を単一の会計単位として扱うこととは異なる（par.7.11）としている。

図7-5　相　　殺

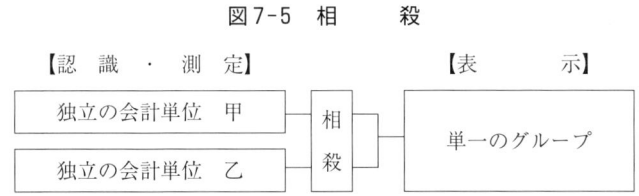

(6) 集　　約

表7-11のように，集約（aggregation）は，共通の特徴を持ち，同じ分類に含められる資産，負債，持分，収益又は費用を合算することである（par.7.20）。

すなわち，集約は，大量の詳細を要約することによって，情報をより有用なものとするものである。しかしながら，集約は，詳細の一部を覆い隠すものでもある。それゆえ，目的適合性がある情報が，多くの重要でない詳細によって，又は過度の集約によって，不明瞭なものとならないように，バランスを取る必要がある（par.7.21）として，多くの重要でない詳細によって，又は反対に過度の集約によって，不明瞭なものとならないようにしなければならない。

そしてまた，異なるレベルの集約が，財務諸表の異なる部分で必要であろう。例えば，典型的には，財政状態計算書及び財務業績の計算書は，要約された情報を提供し，より詳細な情報は注記で提供される（par.7.22）としている。

第7章 表示及び開示

表7-11 集　　　約

摘　要	内　　　　　容
集　約	共通の特徴を持ち，同じ分類に含められる資産，負債，持分，収益又は費用を合算すること
バランス	多くの重要でない詳細によって，又は過度の集約によって，情報が不明瞭なものとならないように，バランスを取ること
レベル	異なるレベルの集約が財務諸表の異なる部分で必要

〔注〕
1) IASB概念フレームワークの第7章「表示及び開示」では，「純損益計算書」と呼ばれているが，一般的には，「損益計算書」と呼ばれている。
2) 岩崎［2017］45-46頁。
3) 同上，46頁。
4) いわゆる「損益計算書」のことである。
5) IASBでは，リサイクルのことを「再分類」と呼んでいる。
6) なお，相殺は，異質な項目を一緒に分類するので，一般的に適切ではない，と考えられる。

第8章 資本及び資本維持の概念

1 資本及び資本維持の概念

(1) 資本及び資本維持の概念の概要

IASBの概念フレームワーク上,第8章「資本及び資本維持の概念」では,表8-1のような内容を規定している。

表8-1 第8章「資本及び資本維持の概念」の規定内容

(1) 資本の概念
(2) 資本維持の概念と利益の決定
(3) 資本維持修正

(出所) IASB[2018a]p.5,番号は著者が挿入。

会計の最も基本的な存在意義は利益計算であり,そのベンチマークとして資本や資本維持概念が決定的に重要となる。

以下では,これらについて順に解説していくこととする。

(2) 概念フレームワーク上の資本及び資本維持の概念の概要

図8-1 資本概念についての概念フレームワーク上の取扱い

(注) CF:概念フレームワーク。

概念フレームワーク上の「資本及び資本維持の概念」について,図8-1のように,従来の2010年の改訂版概念フレームワークは1989年概念フレームワークの内容を基本的にそのまま維持していた。しかも,その改訂版である

2018年の新しい概念フレームワークにおいても，これを基本的にそのまま維持しているので，これらの内容は，最初に公表された1989年概念フレームワークの内容と基本的に同じものとなっている。

(3) 会計の基本的な存在意義と資本維持概念

周知のように，「会計の最も基本的な存在意義」(raison d'être)は，一定期間の企業の財務業績としての「利益計算」である，と一般にいわれている。そして，この利益計算を行うためには，表8-2のように，まずその前提ないし基準（ベンチマーク）として「資本概念」及び「資本維持概念」が明確化されなければならない。そこにおいては，投下された資本ないし資金[1]が元本・元手で，その元本を上手く運用して稼得した利益が成果・果実に相当する。そして，投下された元本である資本に対して，どれ位の成果としての利益が稼得されたのかを計算するのが「資本利益計算」であり，そこにおいて資本の効率性（「資本効率性」）ないし収益性（「資本収益性」）が示される。

表8-2 資本・利益計算

項　　目	内　　　　容
資 本 概 念	利益計算の前提・基準
資　　　　本	元本・元手（維持拘束性）
利　　　　益	成果・果実（処分可能性）
資本利益計算	・元本に対する成果の状況の明示 ・資本の効率性・収益性の明示
計算構造上の位置づけ	投下した資本を維持し，それを超えて回収された余剰（「回収余剰」）の金額（「回収余剰額」）が利益

資本概念が利益計算構造上どのように関連しているのかという「計算構造上の位置づけ」に関しては，図8-2のように，会計上の利益計算においては，投下された資本を維持し，それを超えて回収された余剰（「回収余剰」）の金額（「回収余剰額」）が利益となり，それが一般に企業の当該期間の「財務業績」と捉えられている。このような意味で，利益計算の問題と資本維持概念の問題

は密接に関連しており、それゆえ、「利益計算において資本維持概念は決定的な意味[2]」を持っている。

図8-2 投下資本の回収余剰

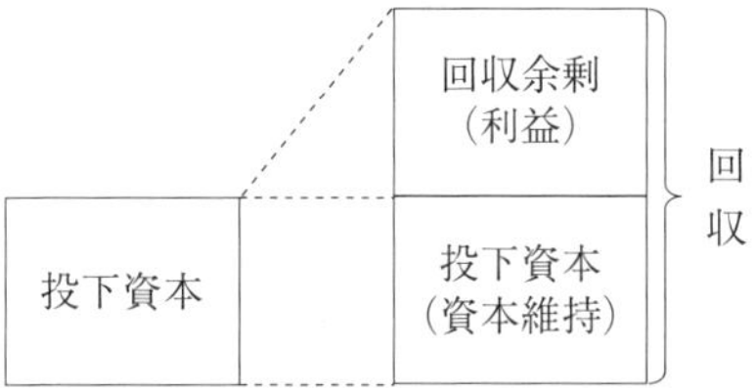

これをより具体的にいえば、例えば、伝統的に行われてきた名目資本維持概念に基づく取得原価主義会計の下では、投下した名目資本を維持し、それを超えて回収された余剰の金額を利益として認識・測定するという計算構造が採用され、この投下資本の回収余剰計算によって配当可能利益を計算してきた。この場合、資本は維持拘束すべき性質（維持拘束性）を有し、利益は処分可能性を有する、と一般に考えられてきた。

(4) 資本概念

IASB概念フレームワークでは、企業の元本としての資本概念に関して、表8-3のように、それには、大きく貨幣資本概念（financial concept of capital：FCOC）と実体資本概念（physical concept of capital：PCOC）とがあり、前者の貨幣資本概念は、財務諸表の作成に関してほとんどの企業で採用されている（par.8.1）としている。

表8-3 資本概念と種類

	資本概念の種類		意　義
資本概念	(1) 貨幣資本概念*1	① 名目貨幣資本概念	投下した名目貨幣資本
		② 実質貨幣資本概念	投下した恒常購買力資本
	(2) 実体資本概念		物的生産能力や操業能力としての資本

＊1：このうち、一般的・制度的には、名目貨幣資本概念が採用されている。

前者の「貨幣資本概念」とは，表8-4のように，貨幣動態[3]を問題とする貨幣思考[4]に基づいて資本を貨幣そのものとみなし，期首に保有していた貨幣量（「期首資本量」）を維持すべき資本と捉える考え方，すなわち，投下した貨幣金額を資本とする考え方である。これには，大きく①資本の測定尺度として名目貨幣を用い，投下した名目貨幣金額を資本とする考え方（「名目貨幣資本概念」）と，②資本の測定尺度として実質貨幣を用い，投下した貨幣の財一般に対する購買力である恒常購買力（「期首資本恒常購買力」）の貨幣金額を資本とする考え方（「実質貨幣資本概念」）とがある。他方，後者の「実体資本概念」とは，財貨動態[5]を問題とする財貨思考[6]に基づいて資本を具体的な物財量とみなし，期首に保有していた具体的な物的資産の物財量（「期首物財量」）を維持すべき資本とする考え方，すなわち，物的生産能力[7]（physical productive capacity：PPC）や操業能力（operating capability：OC）を資本とする考え方（実体資本概念）である。

表8-4　資本の測定と表示

資本概念	着目	思考	第1次測定	第2次測定	表示
貨幣資本概念	貨幣動態	貨幣思考	貨幣量*1	－	貨幣量*1
実体資本概念	財貨動態	財貨思考	物財量	貨幣量*1	貨幣量*1

　＊1：貨幣量＝貨幣金額。なお，これは，貨幣的評価の公準に基づくものであり，貨幣資本概念の下では名目と実質の二つのものがある。

　なお，表8-5のように，名目資本維持以外の資本維持が問題とされるのは，一般に一般物価ないし個別物価の変動が問題とされるインフレーションの時であり，「原価主義会計」に対して「物価変動会計」ないし「インフレーション会計」と呼ばれる。このような状況の下において，資本維持概念は利益計算上決定的な意味を持っている。

第8章　資本及び資本維持の概念

表8-5　資本維持概念と会計

資 本 維 持 概 念	会　　　　計	
名目貨幣資本維持概念	原価主義会計	
実質貨幣資本維持概念	物価変動会計 インフレーション会計	一般物価変動会計
実体資本維持概念		個別物価変動会計

(5) 資本概念と持分概念の関係

表8-6のように，IASB概念フレームワークにおいては，資本利益計算に関しては，資本概念を採用し，他方，財務諸表の構成要素という基礎概念に関しては，持分概念という別の概念を使用している。そこでこれらの両者の関係について明確にしていくこととする。

表8-6　資本概念と持分概念

概念	使　　用　　箇　　所
資本	資本維持や資本利益計算等の側面
持分	財務諸表の構成要素や企業に対する請求権等の側面

これらの諸概念に関して，図8-3や表8-7のように，一般的には，「資本」は，株主からの出資額とその増減額と積極的に捉えた場合には，総額概念であり，他方，資産から負債を控除した残高と消極的に捉えた場合には，純額概念である。

図8-3　総額概念又は純額概念

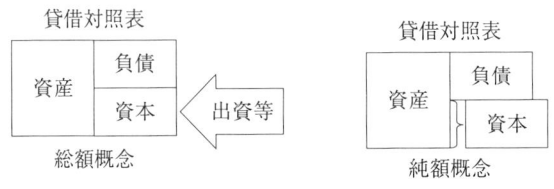

そして，これには，資金調達（資本調達）とその具体的な運用（投下）形態（資本の投下形態），その成果としての稼得された回収（資本回収）形態，その効

率性や収益性（資本効率性や資本収益性），資本の返還や報酬の支払い，財務諸表の構成要素の定義[8]，さらに，資本等式や貸借対照表等式等の諸側面がある。

他方，「持分」は，資本の場合と同様に，企業に対する請求権として積極的に捉えた場合には，総額概念であり，他方，資産から負債を控除した残高と消極的に捉えた場合には，純額概念である。そして，これには，例えば，現在株主等の一定の利害関係者が企業に対して保有する請求権（持分請求権），これに対する収益性（持分収益性），及び財務諸表の構成要素の定義等の諸側面がある。

そして，「純資産」は純額ないし差額概念であり，それには，その具体的な内容の側面，及び財務諸表の構成要素の定義等の諸側面がある。

表8-7　資本・持分・純資産の諸側面

概　念	内　　　　　容
資本	・総額概念ないし純額概念 ・資金調達（資本調達） ・具体的な運用（投下）形態（資本の投下形態） ・成果としての稼得された回収（資本回収） ・効率性や収益性（資本効率性や資本収益性） ・資本の返還や報酬の支払い ・財務諸表の構成要素の定義 ・資本等式・貸借対照表等式等
持分	・総額概念ないし純額概念 ・現在株主等の一定の利害関係者の企業に対して保有する請求権（持分請求権） ・収益性（持分収益性：例：持分利益率等） ・財務諸表の構成要素の定義等
純資産	・資産から負債を控除した後の残余（純額概念ないし差額概念） ・具体的な内容 ・財務諸表の構成要素の定義等

この「資本概念と持分概念との関係」に関して，IASBは，投下した資本の金額を超えて回収された余剰の金額が利益となるとして，投下資本の回収余剰を利益と考え，投下した貨幣又は投下購買力という貨幣資本概念の下では，「資本」（capital）は企業の「純資産」（net assets）又は「持分」（equity）と同

義である (par.8.1) としている。このように，現在，制度上一般に貨幣資本概念が採用されている，ということを前提とすれば，表8-8のように，IASBの公表する概念フレームワークや個別会計基準上，資本は，持分（又は純資産）と同義であるので，IASB概念フレームワークの財務諸表の構成要素等のところで使用されている持分概念は，資本概念と同義として理解することができる。

表8-8　IASB概念フレームワーク上の資本概念と持分概念との関係

前　　提	内　　容
貨幣資本概念	（同義）　資本＝持分（＝純資産）

ただし，表8-9のように，わが国の概念フレームワークにおけるように，「純資産」（ないし「持分」）と「（株主）資本」とを区別する考え方もある。しかも，この場合，両者は，別概念でかつ異なった金額となる。

表8-9　わが国概念フレームワーク上の資本概念と純資産概念

概　　念	内　　容
純資産	資産から負債を控除した後の残余（純額・差額概念）
（株主）資本[*1]	株主からの出資額及びその増減額[*2]（総額概念）

[*1]：わが国の概念フレームワークでは，「資本」ではなく，「株主資本」となっている。
[*2]：資本取引及び（損益計算書上の）損益取引からの増減額を含む。

(6)　利用者ニーズと資本概念の選択

前述のように，資本概念及びその種類が明確にされたので，次にこれらのうち，「どのような視点から適切な資本概念の選択ないし確定」がなされなければならないか，ということが問題とされる。

これに関して，IASBは，適切な「資本概念の選択」は，財務諸表の利用者のニーズ (needs of the users) に基づかなければならないとし，以下のように，利用者ニーズの観点から資本概念の選択を規定している。

表8-10のように，財務諸表の利用者が主に名目投下資本の維持又は投下資

本の恒常購買力の維持に主要な関心を有する場合には、貨幣資本概念を採用しなければならない。しかし、もし利用者の主要な関心が企業の操業能力の維持にある場合には、実体資本概念を用いなければならない（par.8.2）としている。

表8-10　利用者ニーズと資本概念の選択

利用者ニーズ	選択される資本概念	
名目貨幣資本の維持	貨幣資本概念	名目貨幣資本概念
投下資本の恒常購買力の維持		実質貨幣資本概念
企業の操業能力の維持	実体資本概念	

これに関しては、前述のように、利用者ニーズの観点から、例えば、2018年現在のベネズエラのハイパーインフレのような特殊な状況を除き、一般に現在特にインフレーションが激しく、恒常購買力や操業能力の維持が要請されているという状況にはないので、基本的には名目貨幣資本概念が制度上取られている。

(7) 資本維持概念と利益の決定

IASBによれば、上述の資本概念は、次のような維持すべき資本として、表8-11のような「資本維持概念」(concepts of capital maintenance：COCM) を生み出す（par.8.3）としている。

(a) 貨幣資本の維持　　この概念の下では、利益は、当期中の持分請求権の保有者への分配と保有者からの出資を除いた後の、期末の純資産の名目（又は貨幣）額が、その期の期首の純資産の名目（又は貨幣）額を超える場合のみ、稼得される。貨幣資本の維持は、名目貨幣単位又は恒常購買力単位のいずれかで測定することができる。

(b) 実体資本の維持　　この概念の下では、利益は、当期中の持分請求権の保有者への分配と保有者からの出資を除いた後の、期末における企業の物的生産能力又は操業能力（又はその能力を達成するために必要な資源若しくは資金）が、その期の期首の生産能力を超える場合のみ、稼得される。

第8章 資本及び資本維持の概念

表8-11 資本維持概念

資　本　維　持　概　念			資　本　維　持　の　内　容
資本維持概念	貨幣資本維持概念*1	名目貨幣資本維持概念*2	名目貨幣資本の維持
		実質貨幣資本維持概念*3	投下資本の恒常購買力*4の維持
	実体資本維持概念*5		物的生産能力や操業能力の維持

*1：この場合の利益は，期末の純資産の名目（又は貨幣）額が，その期首の純資産の名目（又は貨幣）額を超える金額として計算される。なお，この場合，名目貨幣単位又は恒常購買力単位で測定する。
*2：「名目資本維持概念」とも呼ばれ，物価変動を考慮しないので，資本維持修正を行わない。
*3：「実質資本維持概念」・「一般購買力資本維持概念」とも呼ばれ，一般物価変動を考慮し，資本維持修正を行う。
*4：「一般購買力」とも呼ばれる。
*5：「物的資本維持概念」とも呼ばれ，個別物価変動を考慮し，資本維持修正を行う。この場合の利益は，期末における企業の物的生産能力又は操業能力（又はその能力を達成するために必要な資源もしくは資金）が，その期首の物的生産能力を超える金額として計算される。

すなわち，表8-11のように，資本維持概念は，企業の資産負債の価格変動の影響に関する取扱いの違いによって，大きく貨幣資本維持概念と実体資本維持概念とに分かれる。そして，それぞれの資本維持概念とそこで計算される利益の意味は，次のとおりである。

貨幣資本維持概念（concept of financial capital maintenance：COFCM）は，投下した貨幣資本を維持するという考え方であり，この資本維持概念の下では，期首資本の貨幣額を超える金額のみが利益となる。なお，貨幣資本は，維持すべき資本を名目貨幣単位[9]（nominal monetary units：NMU：名目貨幣資本維持概念）又は恒常購買力単位[10]（units of constant purchasing power：UOCPP：実質貨幣資本維持概念）で定義し，測定する。また，実体資本維持概念（concept of physical capital maintenance：COPCM）は，操業能力を維持するという考え方であり，この資本維持概念の下では，期首の物的生産能力を超える部分を表現した金額が利益となる。

このように，維持すべき資本としての「資本維持概念の機能」としては，表

8-12のように，企業が維持しようとする資本をどのように定義するかに関連し，また，利益の金額が測定される評価の基準（ベンチマーク）を提供し，さらに，何が利益であるのか，ないし利益が存在しているのか否かを決定するための基礎ともなる。

表8-12　資本維持概念の機能

資本維持概念の機能	①　維持すべき資本の定義 ②　利益の測定基準（ベンチマーク） ③　何が利益であるのか ④　利益が存在するのか

　前述のように，資本維持概念は，企業が維持しようとする資本をどのように定義するかに関連する。そして，資本維持概念は，利益が測定される評価の基準を提供することとなるので，資本概念と利益概念との連繋をもたらす。そして，これは，表8-13のように，「資本に対する報酬」（資本報酬）（return on capital：ROC：すなわち利益）と「資本の返還」（資本返還）（return of capital：ROC：すなわち資本の払戻し）とを区別するための必要条件である。つまり，資本を維持するために必要な金額を超える資産の流入額のみが利益であり，資本に対する報酬である。したがって，別の表現をすれば，利益は収益から費用（資本維持修正額を含む）を控除した金額（利益＝収益－費用（資本維持修正額を含む））である（par.8.4）としている。このように，資本維持に関する資本維持修正額は，費用の回収として利益計算に関連してくる。

表8-13　資本に対する報酬と返還

表　　　　現	内　　容
資本に対する報酬（return on capital：資本報酬）	利益
資本の返還（return of capital：資本返還）	資本の払戻し

❷ 利益計算と資本維持概念・資産測定基礎

(1) 資本維持概念と測定基礎
① 資本維持概念と測定基礎の関連の概要
(a) 資本維持概念と測定基礎の関連

次にここでは,「利益計算」との関連において「資本維持概念」の他に,「資産の測定基礎」の視点を加え,この資産測定基礎の果たす役割,及び資本維持概念と測定基礎の間にどのような関係があるかについて明らかにすることとする。

この「資本維持概念と測定基礎の関係」に関して,表8-14のように,資産の測定基礎は,資本維持に係る資本の測定尺度に関わらず,独立して選択できる。この場合,両者の関係に関して大きく借方の費用計上と貸方の収益計上の両方が問題となる。

表8-14 資本維持概念と測定基礎の関係

摘　　　要	側面	内　　　　　　容
利益計算　資本維持概念	費用	資本回収ないし資本の測定尺度の問題と同時に費用決定の問題
測　定　基　礎	収益	保有損益ないし評価損益の計上問題

(b) 測定基礎と費用計上

まず前者の「費用計上」は,資本回収ないし資本の測定尺度の問題として資本維持に関連する。逆にいえば,表8-15のように,資本維持は,同時に費用決定の問題であり,費消分の補てんである。それゆえ,それは利益計算上,費用計上を行うことである[11]。このような費消分の補てんのための費用計上という意味で,資本維持概念は利益計算に決定的な影響を及ぼすこととなる。

表8-15 資本維持と費用計上

用　　語	利益計算上の意味
資　本　維　持	費消分の補てん＝費用計上
資本維持の決定	費用の決定

(c) 測定基礎と収益計上

また，後者の「収益計上」は，保有損益ないし評価損益の計上問題として損益の期間配分に関連する。これらの測定基礎と資本維持概念との組み合わせによって，利益の多様性が生じる。

これに関して，表8-16のように，IASBは，測定基礎（measurement bases：MB）と資本維持概念（concept of capital maintenance：COCM）の選択によって，財務諸表の作成にあたって用いられる「会計モデル」（accounting model：AM）が決定される。会計モデルの違いにより，異なる程度の目的適合性と信頼性がもたらされるため，他の領域と同様に，経営者は，目的適合性と信頼性との間に均衡を求める必要がある（par.8.9）としている。

表8-16 会計モデルの決定

組合せの選択		決定内容
測　定　基　礎	選択	会計モデル
資本維持概念		

また，「現在のところ，当審議会は，超インフレ経済下の通貨で報告する企業などのような例外的な状況にある場合を除き，特定のモデルを規定する意図はない」（par.8.9）として，種々の会計モデルの採用が可能であるという立場を採用している。

そこで，以下では，これらの資本維持概念と測定基礎との関係について，利益計算との関連においてより詳細に検討していくこととする。

② 費用計上との関連

(a) 費用計上との関連

まず第1の「費用計上との関連」において，IASBは，表8-17のように，実体資本維持概念では，測定基礎として現在原価（current cost）を採用するけれども，貨幣資本維持概念では，特定の測定基礎を用いる必要はない。この貨幣資本維持概念の下での測定基礎の選択は，企業が維持しようとする貨幣資本の種類によって決定される（par.8.5）としている。そして，この場合，それぞれの資本維持概念の下で測定される利益として計算される数値は何を意味するのかを，以下では明らかにすることとする。

表8-17 資本維持概念，測定基礎と利益の意味

資本維持概念	測定基礎*1	利 益 の 意 味
① 名目貨幣資本維持	特定のものなし*2	当期中における名目貨幣資本の増加額
② 実質貨幣資本維持	特定のものなし*3	当期中における投下恒常購買力の増加額
③ 実体資本維持	現在原価	当期中における実体資本の増加額

*1：資本回収ないし資本の測定尺度。
*2：ただし，名目貨幣単位で，例えば，取得原価。
*3：ただし，恒常購買力単位。

「貨幣資本維持概念」の下では，資本が「名目貨幣単位」で定義される場合には，利益は，当期中の名目貨幣資本の増加を表す。貨幣資本維持が「恒常購買力単位」で定義されるときには，表8-18のように，利益は，当該会計期間中の投下購買力の増加を表す。したがって，一般物価水準の増加を超える資産価額の増加部分のみが利益となる。そして，増加額の残余は，資本維持修正額，したがって持分の一部として扱われる。さらに，資本が物的生産能力で定義される「実体資本維持概念」の下において，利益は，当期中における当該資本の増加額を表す。ここでは，企業の資産負債に影響を及ぼすすべての価格変動は，企業の物的生産能力の測定において変動とみなされる。したがって，それらは利益ではなく，持分の一部である資本維持修正額として扱われることとなる（pars.8.6-8.7）としている。

表8-18　実質貨幣資本維持概念の下での増加額の内訳

	内　　　訳	取　　　扱
投下恒常購買力の増加額	①　②を超える部分	利益
	②　一般物価変動の増加分	資本維持修正額*1（持分）

*1：修正原価と取得原価との差額部分。

(b) 資本維持修正

例えば，表8-18のように，資産及び負債の再評価又は修正再表示によって，持分の増加又は減少がもたらされる。これらの増加又は減少は収益及び費用の定義を満たすけれども，一定の資本維持概念の下では，それらは，損益計算書に含まれない。その代わりに，これらの項目は，資本維持修正額又は再評価剰余金として持分に含まれる（par.8.10）としている。

③　収益計上との関連

次に，第2の「収益計上との関連」について明らかにしていくこととする。これまで基本的に資本維持の観点からの利益計算について検討してきた。そこでは，資本維持概念が利益計算の基準となっていることが確認された。しかし，理論的には，利益に影響を及ぼす要因として，資本維持概念はそのうちの一つに過ぎず，既に少し説明したように，この他にも収益計上に関連する資産等の測定基礎がある。すなわち，理論的には同じ資本維持概念を採用しても，収益計上に関連する資産等の測定基礎が異なれば，異質な利益金額が計算されることとなる。そこで，以下では，利益計算を「全体利益計算と期間利益計算」とに分け，さらに資本維持と資産等の測定基礎の観点から，これらがどのような関係にあるのかを明確にすることとする。

前述のように，利益の金額は，基本的に資本維持概念に基づいて決定される。そして，伝統的な取得原価主義会計の場合には，周知のように，期間利益も全体利益も資本維持概念の明確化によって，これらの利益が決定されることとなる。しかしより深く検討すると，資本維持概念は「全体利益」を決定する基準となるが，必ずしも「期間利益」を自動的，直接的に決定するものではない，

第8章　資本及び資本維持の概念

ということに注意しなければならない。

すなわち，資本維持概念だけで，期間利益が自動的に決定されるわけではなく，資産等の測定基礎それゆえ収益認識のタイミングによっても期間利益の金額に影響がある。つまり，図8-4のように，資産等の測定基礎の果たす役割は，資本維持概念によって決定される「『全体利益』の期間的な先取りや繰延べを行いながら期間配分を行うものである[12]」。それゆえ，表8-19のように，期間利益は資本維持概念と測定基礎との組み合わせによって決定される。

図8-4　期間利益と全体利益

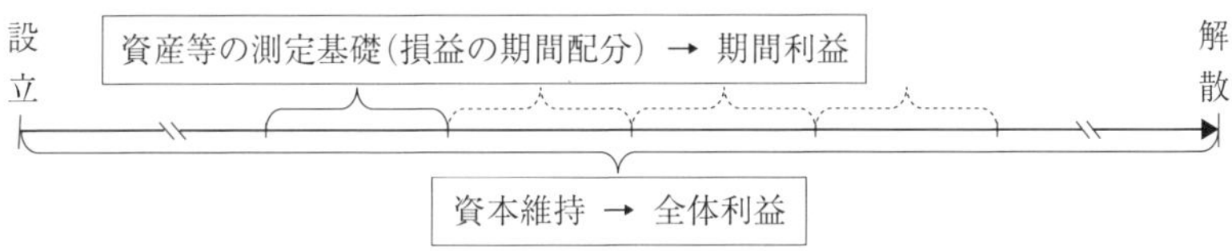

設立　資産等の測定基礎（損益の期間配分）→ 期間利益　　　解散

資本維持 → 全体利益

表8-19　期間利益計算の基礎

期間利益計算の基礎	① 資本維持概念（費用計上，資本回収に関連）	全体利益計算に関連
	② 測定基礎（収益認識タイミングに関連）＊	期間利益計算に関連

＊：全体利益をどのように各期間に配分するかを決定するもの。

言い換えれば，表8-20のように，例えば，名目資本維持概念の下において資産の原価評価法（取得原価）を採用する場合には，それは実際に取引が行われるまで，評価替えに伴う評価損益の計上は行われない。それゆえ，この側面に関しては，利益計算に影響を与えないこととなる。

表8-20　資本の測定尺度と資産の測定基礎（名目資本維持概念を前提）

(1) 資本の測定尺度（資本維持概念）	(2) 資産の測定基礎	
	① 原価	② 時価
名目資本維持概念	取得原価	公正価値＊等
全体利益計算に関連	期間利益計算に関連	

＊：これは，アウトプット・プライス（出口価格）の測定基礎である。

他方，同じ名目資本維持概念の下においても，収益計上の側面においては，資産の時価評価法（現在価額等）を採用する場合には，実際の取引が行われなくとも，時価の変動に伴う評価替えによって評価損益の計上を行うので，収益認識タイミングの観点から利益計算に影響を与えることとなる。なお，この場合においても，さらに評価損益を損益計算書上の純損益として計上するのか，又はその他の包括利益に計上するのかが問題となる。

以上のように，資本維持概念と資産等の測定基礎の両方が利益計算に影響を及ぼすことが明確にされた。そして，前述のように，これらの内どのような資本維持概念や測定基礎を選択するのかによって会計モデルが決定されることとなる。

そこで以下では，これらに関して，IASB概念フレームワークがどのようなものとなっているのかを明らかにすることとする。

(2) IASB概念フレームワーク上の資本維持概念・資産測定基礎と利益計算

前述のように，同じ名目資本維持概念の下においても，収益計上の側面においては，資産測定基礎の違いによって，期間利益の金額に影響を及ぼすこととなる。それゆえ，通常我々が問題とする期間利益計算においては，次のように，資本維持概念と測定基礎の両方が明確化されなければならない。

① 資本維持概念

IASBの2018年概念フレームワークにおいては，これらの二つのうちまず第1の「資本維持概念」に関して，前述のように，IASBはこれについて特に指定を行っておらず，名目貨幣資本概念が，財務諸表の作成に関してほとんどの企業に採用されている。すなわち，「現在のところ，当審議会は，超インフレ経済下の通貨で報告する企業などのような例外的な状況にある場合を除き，特定のモデルを規定する意図はない」(par.8.9)としており，一般に名目資本維持概念の採用を容認していると解されている。また，実際基本的にIFRS適用企業において名目資本維持概念が採用されている，という現状にある。

第 8 章　資本及び資本維持の概念

② 測定基礎

　前述の測定基礎の視点を前提として，2018年概念フレームワークでは，その具体的な「測定基礎」に関して，表8-21のように，混合測定基礎アプローチに基づき(i)歴史的原価 (historical cost：HC) と(ii)現在価額 (current value：CV) ((ア)公正価値 (fair value：FV), (イ)使用価値／履行価値 (value in use：VIU／fulfillment value：FV), (ウ)現在原価 (current cost：CC)) という二つの類型に分ける「二分法」が採用されている (pars.6.4, 6.11)。

表8-21　測定基礎の分類法

二分法	(i) 歴史的原価 (HC)
	(ii) 現在価額 (CV)
	(ア) 公正価値*1 (FV)
	(イ) 使用価値*2／履行価値*3 (VIU／FV)
	(ウ) 現在原価*4 (CC)

＊1：例えば，金融商品等に対して使用される。
＊2：使用価値なので，金融商品等の資産には適用されず，基本的には使用資産である固定資産等がその対象になる。例えば，減損会計等で使用される。
＊3：例えば，退職給付会計や資産除去債務等の計算上で使用される。
＊4：例えば，インフレーション会計において実体資本維持概念を採用する場合に使用される。
（出所）　IASB[2018a]を参照して著者作成。

　ここでは，メタ基準としての概念フレームワークにおいて，個別の会計基準レベルにおいて使用できる測定基礎を出来るだけ多く予め用意しておくことを目的としているものと考えられる。また，財務情報の質的特性で信頼性が削除されると共に，認識規準で測定の信頼性が削除された結果として，信頼性が必ずしも高くない「使用価値」という測定基礎が概念フレームワーク上新たに明示されてきている。さらに，インプット・プライスに属する「現在原価」概念も導入されている。

　このように，原価と時価の両方を測定基礎として採用し，しかもこのような時価の適用をハードルなく適用できるように，認識規準として従来の定義・蓋然性・測定の信頼性という要件ではなく，定義，目的適合性及び忠実な表現と

185

いう要件を挙げ，蓋然性と測定の信頼性の要件を削除している。

このような認識規準と測定基礎の要件を満たした資産負債項目が計上され，これらの変動として損益が計上される。この場合，図8-5のように，すべての項目は原則として純損益として計上され，IASBが認める場合のみ，その他の包括利益（OCI）に計上することができることとなる。なお，これらの全体は包括利益と考えられ，また，その他の包括利益として計上された項目は，原則としてその後の期間において純損益にリサイクルされるとしている。

図8-5 純損益とその他の包括利益

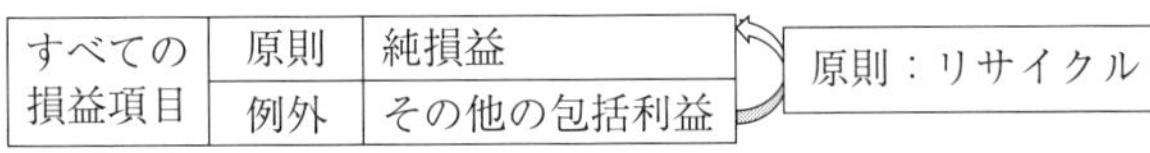

すべての損益項目	原則	純損益	原則：リサイクル
	例外	その他の包括利益	

〔注〕
1) 「お金」・「現金」でも同様な意味となる。それゆえ，ここでは，お金・現金（現金同等物を含む）・資金・資本は同様な意味で使用されている。
2) 前川[1995]65頁。
3) 貨幣を原始形態として，それが，例えば，商品等の種々の形態に変化していく姿を会計的に捉えるもの。
4) 三木[1985]189頁。
5) 例えば，有形固定資産等のような財貨を原始形態として，それが種々の形態に変化していく姿を会計的に捉えるもの。
6) 三木[1985]189頁。
7) 例えば，一定期間に製造した製品数量のこと。
8) なお，資本に関しても，以前のわが国の会計のように，財務諸表の定義の側面もある。
9) 期首資本の貨幣量のこと。
10) 期首資本の恒常購買力のこと。
11) 前川[1995]70頁。
12) 同上，65頁。

略語等・用語集・参考文献一覧表

【本書での主要な略語等一覧表】

略　語	用　　　　語	意　　　味
AA	accrual accounting	発生主義会計
ALV	asset liability view	資産負債アプローチ
AM	accounting model	会計モデル
ASBJ	Accounting Standards Board of Japan	企業会計基準委員会
BP	boilerplate	決まり文句
BS	balance sheet	貸借対照表
CA	convergence approach	収斂アプローチ
CC	cost constraint	コスト制約
CC	current cost	現在原価（カレントコスト）
CD	complete depiction	完全な描写
CF	conceptual framework	概念フレームワーク
CFS	combined financial statements	結合財務諸表
CFS	consolidated financial statements	連結財務諸表
CI	comparative information	比較情報
CI	comprehensive income	包括利益
COCM	concepts of capital maintenance	資本維持概念
COFCM	concept of financial capital maintenance	貨幣資本維持概念
COI	conflict of interests	利害の対立
COPCM	concept of physical capital maintenance	実体資本維持概念
CP	communication principles	伝達（コミュニケーション）原則
CT	communication tools	伝達ツール
CV	confirmatory value	確認価値
CV	current value	現在価額
DCFM	discounted cash flow model	割引キャッシュ・フローモデル
DDM	dividend discount model	配当割引モデル
DI	disclosure initiative	開示に関する取組み
DM	deductive method	演繹法
DUA	decision usefulness approach	意思決定有用性アプローチ
DV	direct verification	直接的検証
EB	economic benefits	経済的便益
EC	equity claim	持分請求権

EC	European Commission	欧州委員会
EC	executory contract	未履行契約
EP	economic phenomena	経済現象
EQC	enhancing qualitative characteristics	補強的質的特性
ER	economic resources	経済的資源
EU	existence uncertainty	存在の不確実性
FASB	Financial Accounting Standards Board	財務会計基準審議会
FC	fundamental concepts	基礎概念
FCOC	financial concept of capital	貨幣資本概念
FFE	free from error	誤謬がない
FNCI	future net cash inflows	将来の正味キャッシュ・インフロー
FP	financial performance	財務業績
FP	financial position	財政状態
FQC	fundamental qualitative characterstics	基本的質的特性
FR	faithful representation	忠実な表現
FR	financial reporting	財務報告
FS	financial statements	財務諸表
FV	fair value	公正価値
FV	fulfillment value	履行価値
GC	going concern	継続企業
GPFR	general purpose financial reporting	一般目的財務報告
GPFS	general purpose financial statements	一般目的財務諸表
GS	global standards	世界標準
HC	historical cost	歴史的原価(取得原価)
HCA	historical cost accounting	取得原価主義会計
HCMB	historical cost measurement basis	歴史的原価測定基礎
HT	hypothetical transaction	仮想的な取引
IAS	International Accounting Standards	国際会計基準
IASB	International Accounting Standards Board	国際会計基準審議会
IASC	International Accounting Standards Committee	国際会計基準委員会
IFRS	International Financial Reporting Standards	国際財務報告基準
IOSCO	International Organization of Securities Commissions	証券監督者国際機構
JFSA	Financial Services Agency of Japan	金融庁
MB	measurement basis	測定基礎
MI	material information	重要性のある情報
MMBA	mixed measurement bases approach	混合測定基礎アプローチ
MU	measurement uncertainty	測定の不確実性

NA	normative approach	規範的なアプローチ
ND	neutral depiction	中立的な描写
NMU	nominal monetary units	名目貨幣単位
OC	operating capability	操業能力
OCI	other comprehensive income	その他の包括利益
PA	phased approach	段階的アプローチ
PA	piecemeal approach	ピースミール・アプローチ
P&D	presentation and disclosure	表示及び開示
PCOC	physical concept of capital	実体資本概念
PO	physical object	物体（物理的実体）
PPC	physical productive capacity	物的生産能力
PU	primary users	主要な利用者
PV	predictive value	予測価値
QC	qualitative characteristics	質的特性
RC	retained component	保持した構成部分
RE	reporting entity	報告企業
REV	revenue expense view	収益費用アプローチ
RI	residual interest	残余持分
ROC	return of capital	資本の返還
ROC	return on capital	資本に対する報酬
RP	reporting period	報告期間
SEC	Securities Exchange Commission	証券取引委員会
SFAC	Statement of Financial Accounting Concepts	財務会計概念書
SOF	substance over form	実質優先
TA	theoretical approach	理論的アプローチ
TC	transferred component	移転した構成部分
TO	trade-off	トレード・オフ関係
UFS	unconsolidated financial statements	非連結財務諸表
UOA	unit of accounting	会計単位
UOCPP	units of constant purchasing power	恒常購買力単位
VIU	value in use	使用価値
VOE	value of an entity	企業価値

【本書での主要な用語集】

用　語	英　語	意　　味
集約	aggregation	特徴を共有していて一緒に分類される資産，負債，持分，収益又は費用を合算すること
資産	asset	企業が過去の事象の結果として支配している現在の経済的資源
分類	classification	資産，負債，持分，収益又は費用を，表示及び開示のために，共通した特徴に基づいて区分けすること
結合財務諸表	combined financial statements	すべてが親会社・子会社の関係によって結びついていない複数の企業によって構成される報告企業の財務諸表
連結財務諸表	consolidated financial statements	親会社と子会社の両方で構成される報告企業の財務諸表
経済的資源の支配	control of an economic resource	経済的資源の使用を指図して，そこから生じる経済的便益を獲得する現在の能力
認識の中止	derecognition	認識された資産又は負債の全部又は一部を企業の財政状態計算書から除去すること
経済的資源	economic resource	経済的便益を生み出す潜在能力を有する権利
補強的質的特性	enhancing qualitative characteristics	有用性がある情報の有用性を高める質的特性
持分	equity	企業のすべての負債を控除した後の資産に対する残余持分
持分請求権	equity claim	企業のすべての負債を控除した後の資産に対する残余持分に対する請求権
未履行契約	executory contract	同等に未履行である契約，又は契約の一部。すなわち，いずれの当事者も自らの義務を全く履行していないか，又は両方の当事者が自らの義務を同じ範囲まで部分的に履行しているもの
存在の不確実性	existence uncertainty	資産又は負債が存在するかどうかに関する不確実性
費用	expenses	持分の減少を生じる資産の減少又は負債の増加（持分請求権の保有者への分配を除く）
基本的質的特性	fundamental qualitative characterstics	財務情報が一般目的財務報告書の主要な利用者にとって有用なものとなるために有していなければならない質的特性。基本的質的特性は，目的適合性と忠実な表現である。

一般目的財務報告書	general purpose financial report	主要な利用者が当該企業へ資源を提供することに関する意思決定を行う際に有用な、報告企業の経済的資源、企業に対する請求権並びに当該経済的資源及び請求権の変動に関する情報を提供する報告書
一般目的財務諸表	general purpose financial statements	報告企業の資産、負債、持分、収益及び費用に関する情報を提供する特定の形態の一般目的財務報告書
収益	income	持分の増加を生じる資産の増加又は負債の減少（持分請求権の保有者からの拠出に関するものを除く）
負債	liability	企業が過去の事象の結果として経済的資源を移転する現在の義務
重要性のある情報	material information	その脱漏又は誤表示により、特定の報告企業に関する財務情報を提供する当該報告書に基づいて一般目的財務報告書の主要な利用者が行う意思決定に影響する可能性がある情報
測定値	measure	資産、負債及び関連する収益及び費用に測定基礎を適用した結果
測定基礎	measurement basis	測定しようとする項目の識別された特徴（例えば、歴史的原価、公正価値又は履行価値）
測定の不確実性	measurement uncertainty	測定基礎の財務報告書の貨幣金額が直接的に観察されず、その代りに見積を行わなければならない場合に生じる不確実性
相殺	offsetting	独立の会計単位として認識し測定される資産と負債を財政状態計算書において単一の純額として表示すること
結果の不確実性	outcome uncertainty	資産又は負債から生じることとなる経済的便益の流入又は流出の金額又は時期に関する不確実性
（一般目的財務報告書の）主要な利用者	primary users (of general purpose financial reports)	現在の及び潜在的な投資者、融資者及び他の債権者
慎重性	prudence	不確実性の状況下で判断を行う際の警戒心の行使
認識	recognition	資産、負債、持分、利益又は費用という財務諸表の構成要素の一つの定義を満たす項目を財政状態計算書及び財務業績の計算書への記載のために、捕捉するプロセス
報告企業	reporting entity	一般目的財務諸表の作成が要求されるか又は選択する企業
非連結財務諸表	unconsolidated financial statements	親会社のみである報告企業の財務諸表

会計単位	unit of accounting	認識規準及び測定概念が適用される権利又は権利のグループ，義務又は義務のグループないし権利と義務のグループ
利用者（一般目的財務諸表の）	users (of general purpose financial statements)	「（一般目的財務報告書の）主要な利用者」を参照されたい

（出所）　IASB〔2018a〕pp. 82-85 を参照して著者作成。

【参考文献一覧表】

新井清光編[1994] 『英和　会計経理用語辞典』中央経済社

飯野利夫[1983] 『財務会計論』同文舘出版

岩崎　勇[2011a] 「IFRS導入と公正価値会計の拡大」『經濟學研究』第78巻第2・3合併号，93-120頁

─────[2011b] 「IFRSの概念フレームワークについて─財務情報の質的特性を中心として─」『會計』第180巻第6号，29-41頁

─────[2012] 「IASBの概念フレームワークにおける会計目的について」『經濟學研究』第78巻第5・6合併号，59-88頁

─────[2014a] 「概念フレームワークと簿記」『会計概念フレームワークと簿記─最終報告書』日本簿記学会簿記理論研究部会，130-142頁

─────[2014b] 「IASBの概念フレームワークについて─2013年討議資料等を中心として─」『産業経理』第74巻第1号，16-26頁

─────[2016a] 「概念フレームワークと計算構造について─IASBの新しい概念フレームワークを中心として─」『經濟學研究』第82巻第5・6合併号，105-146頁

─────[2016b] 「概念フレームワークにおける財務諸表の構成要素の定義」『IFRSの概念フレームワークについて─最終報告書─』国際会計研究学会研究グループ，75-87頁

─────[2016c] 「はしがき」『IFRSの概念フレームワークについて─最終報告書─』国際会計研究学会研究グループ，1-6頁

─────[2017] 「IASBの概念フレームワークについて─財務諸表における表示・開示を中心として─」『經濟學研究』第84巻第4号，45-62頁

─────[2018] 「IASBの新しい概念フレームワーク」『税経通信』第73巻第9号，6-7頁

大日方隆[2002] 「利益の概念と情報価値(2)」斉藤静樹編著『会計基準の基礎概念』中央経済社，375-417頁

川西安喜[2018] 「改訂版・IASB概念フレームワークのポイント」『企業会計』第70巻第7号，72-79頁

日本公認会計士協会（JICPA）[2018]「IASBの組織」
https://jicpa.or.jp/specialized_field/ifrs/basic/iasb/

辻山栄子[1999] 「金融商品の評価と時価主義」『JICPAジャーナル』第525巻，52-57頁

─────[2011] 「会計基準の国際化と会計基準のメタ・ルール」『會計』第179巻第1号，52-67頁

前川千春[1995] 「資本維持概念と資産評価基準の関係」『三田商学研究』第38巻3第号，

65-80頁
松尾聿正[2011]「概念フレームワークの変貌」『現代社会と会計』第5号, 1-6頁
三木正幸[1985]「物的資本維持による利益計算」『香川大学経済論叢』第58巻第1号, 183-211頁
森川八洲男監訳[1988]『現代アメリカ会計の基礎概念』白桃書房
Financial Accounting Standards Board (FASB) [1976] *Scope and Implications of the Conceptual Framework Project*. (森川八洲男監訳, 小栗崇資・佐藤信彦・原陽一共訳 [1988]『現代アメリカ会計の基礎概念』白桃書房)
―――[1980] *Statement of Financial Accounting Concepts No. 2, Qualitative Characteristics of Accounting Information*. (平松一夫, 広瀬義州訳 [1988]『FASB財務会計の諸概念』中央経済社)
International Accounting Standards Board (IASB) [2008] *Discussion Paper, Preliminary Views on an improved Conceptual Framework for Financial Reporting : The Reporting Entity*.
―――[2010] *Conceptual Framework for Financial Reporting 2010*, International Accounting Standards Board.
―――[2013] *Discussion Paper, A Review of the Conceptual Framework for Financial Reporting*. July 2013.
―――[2015] *Exposure Draft, Conceptual Framework for Financial Reporting*, International Accounting Standards Board. (企業会計基準委員会訳 [2015]『公開草案 ED/2015/3 財務報告に関する概念フレームワーク』)
―――[2018a] *Conceptual Framework for Financial Reporting*.
―――[2018b] *Conceptual Framework for Financial Reporting-Six Facts*.
―――[2018c] *IFRS Conceptual Framework Project Summary*.
International Accounting Standards Committee (IASC) [1989a] *Framework for the Preparation and Presentation of Financial Statements*, International Accounting Standards Committee.
―――[1989b] *Exposure Draft 32, Comparability of Financial Statements*.

索　引

〔あ行〕

IASB ……………………………… 1, 7
IASBの基本思考 ………………… 19
IASBの財務報告の理想像 ……… 43
IASC ……………………………… 5
IFRS ……………………………… 1
IFRS解釈指針委員会 …………… 7
IFRS財団 ………………………… 7
IFRS諮問会議 …………………… 7
一般的財務報告の目的 ………… 33
インフレーション会計 ………… 172
親会社説 ………………………… 83

〔か行〕

会計上のミスマッチ …………… 145
会計単位 …………………… 103, 162
会計目的 ………………………… 38
会計モデルの決定 ……………… 180
開示に関する取組み …………… 156
回収余剰 ………………………… 171
蓋然性の低さ …………………… 121
改善点 …………………………… 11
階層構造法 ……………………… 63
ガイダンス不足 ………………… 11
概念フレームワーク ………… 1, 13
概念フレームワークの位置づけ … 16
概念フレームワークの主な特徴点 … 22
概念フレームワークの使命 …… 17
確認価値 ………………………… 64
貨幣資本維持概念 ……………… 177

貨幣資本概念 …………………… 172
完全性 …………………………… 66
期間利益 ………………………… 183
期間利益計算の基礎 …………… 183
企業価値の評価 ………………… 43
企業主体理論 …………………… 83
期待値法 ………………………… 96
規範性 …………………………… 4
基本財務諸表 …………………… 81
基本的質的特性 ………………… 62
逆メタ基準性 …………………… 2
キャッシュ・フローを基礎とした
　測定技法 ……………………… 149
経済的資源の移転 ……………… 98
経済的単一体説 ………………… 83
経済的便益 ……………………… 92
継続企業 ………………………… 83
結果の不確実性 ………………… 146
結合財務諸表 …………………… 85
権威性 …………………………… 4
原価主義会計 …………………… 172
現金主義会計 …………………… 51
現在価額 ………………………… 135
現在原価 ………………………… 135
検証可能性 ………………… 71, 73
憲法性 …………………………… 4
権利 ……………………………… 94
効果的な伝達 …………………… 158
公正価値 …………………… 135, 153
公正価値会計の拡大 …………… 152
公正価値測定 …………………… 149

195

公正価値測定の特徴 …………… 150
後発事象 …………………………… 82
国際会計基準委員会 ……………… 5
国際会計基準審議会 …………… 1,7
国際財務報告基準 ………………… 1
コスト制約 ………………………… 76
混合測定基礎アプローチ ……… 129

〔さ行〕

財政状態計算書 …………………… 81
最頻値法 …………………………… 96
財務業績 ………………………… 104
財務諸表 …………………………… 80
財務諸表の構成要素 …………89,90
財務諸表の表示内容 …………… 47
財務諸表の目的 …………………… 80
財務報告の目的 …………………… 36
財務報告の目的の位置づけ …… 34
資産 ………………………………… 91
資産の定義の３側面 …………… 94
資産負債アプローチ …………… 106
時代遅れ …………………………… 11
実質 ……………………………… 107
実質貨幣資本概念 ……………… 172
実質優先 …………………………… 67
実体資本概念 …………………… 172
質的特性の実質化 ……………… 58
資本 ……………………………… 173
資本維持概念 ……………… 176,177
資本概念 ………………………… 171
資本概念の選択 ………………… 176
資本確定アプローチ …………… 93
資本に対する報酬 ……………… 178
資本主理論 ……………………… 83

資本の返還 ……………………… 178
収益 ……………………………… 104
収益費用アプローチ …………… 106
集約 ……………………………… 166
重要性 …………………………… 65
受託責任目的 …………………… 38
首尾一貫性 ………………………… 4
主要な利用者 …………………… 40
純額概念 ………………………… 173
純資産 …………………………… 174
使用価値 …………………… 135,153
情報提供目的 …………………… 39
慎重性 …………………………… 68
全体利益 ………………………… 183
全部リサイクリング・アプローチ …… 165
総額概念 ………………………… 173
相殺 ……………………………… 166
測定基礎 ………………………… 129
測定基礎の選択 ………………… 139
測定基礎の分類法 ……………… 130
測定の不確実性 …………… 122,145
存在の不確実性 …………… 120,146

〔た行〕

単一測定基礎 …………………… 147
忠実な表現 ……………………… 66
中立性 …………………………… 66
ツール …………………………… 158
適時性 ……………………………71,74
伝達ツール ……………………… 158
伝達原則 ………………………… 160
取引概念 ………………………… 149
トレード・オフ関係 …………… 69

索　　引

〔な行〕

認識 …………………………………… 111
認識規準の体系 ……………………… 123
認識の前提 …………………………… 117
認識の中止 …………………………… 124

〔は行〕

発生主義会計 ………………………… 50
ピースミール・アプローチ ………… 3
比較可能性 …………………………… 71
比較情報 ……………………………… 82
費用 …………………………………… 104
評議員会 ……………………………… 7
表示 …………………………………… 156
非リサイクリング・アプローチ …… 165
非連繫観 ……………………………… 106
非連結財務諸表 …………………85, 87
複数測定基礎 ………………………… 147
負債 …………………………………… 97
負債確定アプローチ ………………… 93
負債の定義の3側面 ………………… 97
物価変動会計 ………………………… 172
部分リサイクリング・アプローチ … 165
分類 …………………………………… 161
並列列挙法 …………………………… 63
報告期間 ……………………………… 82
報告企業 ……………………………… 84
ホーリスティック観 ………………… 141
補強的質的特性 ……………………… 71

補強的質的特性の適用 ……………… 75

〔ま行〕

未規定事項 …………………………… 10
未履行契約 …………………………… 99
無誤謬性 ……………………………… 66
名目貨幣資本概念 …………………… 172
メタ基準 ……………………………… 2
目的適合性の欠如 …………………… 119
持分 ……………………………… 100, 174
持分請求権 …………………………… 100
モニタリング・ボード ……………… 7

〔や行〕

予測価値 ……………………………… 64

〔ら行〕

利益観 ………………………………… 105
利益定義アプローチ ………………… 107
利益無定義アプローチ ……………… 107
理解可能性 ………………………… 71, 74
利害調整目的 ………………………… 39
履行価値 ……………………………… 135
リサイクリング・アプローチ ……… 165
理論的アプローチ …………………… 3
レーゾンデートル …………………… 170
歴史的原価 ……………………… 131, 134
連繫観 ………………………………… 106
連結財務諸表 ……………………85, 87

著者紹介

岩崎　勇（いわさき　いさむ）
略歴：明治大学大学院経営学研究科博士課程単位取得
現在：九州大学大学院教授　会計理論学会理事・グローバル会計学会常務理事・財務会計研究学会監事

著書論文：IASBの概念フレームワーク（編者），IFRSの概念フレームワーク，キャッシュ・フロー計算書の読み方・作り方，経営分析のやり方・考え方，新会計基準の仕組みと処理，新会社法の考え方と処理方法（以上，税務経理協会），（文部科学省検定済教科書）新訂版 原価計算（東京法令出版）等の多数の本，及びIFRSの概念フレームワークについて‐最終報告書（編著：国際会計研究学会　研究グループ），会計概念フレームワークと簿記‐最終報告書（編著：日本簿記学会簿記理論研究部会）等の多数の論文
その他：税理士試験元委員，福岡県監査委員，FM福岡QT PROモーニングビジネススクール（出演中），会計，税務，コーポレート・ガバナンス，監査，哲学等のテーマで講演会等の講師を務める。

著者との契約により検印省略

平成31年3月10日　初版第1刷発行	**IFRSの概念フレームワーク**

著　者　岩　崎　　　勇
発行者　大　坪　克　行
製版所　税経印刷株式会社
印刷所　有限会社山吹印刷所
製本所　牧製本印刷株式会社

発行所　〒161-0033　東京都新宿区
　　　　下落合2丁目5番13号　　株式会社　税務経理協会

振　替　00190-2-187408　　電話　(03)3953-3301（編集部）
ＦＡＸ　(03)3565-3391　　　　　　(03)3953-3325（営業部）
　　　　URL　http://www.zeikei.co.jp/
　　　　乱丁・落丁の場合は，お取替えいたします。

© 岩崎　勇 2019　　　　　　　　　　　　　　Printed in Japan

本書の無断複写は著作権法上での例外を除き禁じられています。複写される場合は，そのつど事前に，（社）出版者著作権管理機構（電話 03-3513-6969, FAX 03-3513-6979, e-mail：info@jcopy.or.jp）の許諾を得てください。

JCOPY ＜(社)出版者著作権管理機構 委託出版物＞

ISBN978-4-419-06595-9　C3034